親のお金守ります

小早川 浩

親のお金　イントロダクション

子の多くは、親の財産の全体像を知るわけではありません。

そんな子でも親が高齢になるにつれ、ふと思い至るものだといいます。

「そういえば、親のもっている財産について、知っていることあったっけ？

あれ、もしかしたら……なにも知らない？

そうねえ、実家が確かおやじ名義で……あれ？」

親もまた高齢になると財産整理ということを思いつくようです。だからといって財産を整理しながら「これは誰々に」「こっちのお宝は一番親孝行な……」といった具合に分けたりあげたり、すぐにその場で行なわれるわけでもありません。


生まれてこの方その家にずっと親とともに住み続け、親が年をとるとともに日常の世話をやき、介護の面倒をみるようになった子であれば、親の財産について知ることも多いかもしれません。親のかわりに銀行預金を引き出しに行ったりしていれば「何々銀行のどこどこ支店にいくら親の貯金がある」のか、親が証券投資などしていて案内書や報告書の類が郵送されてくるのをポストから取ってきて親に渡すので、「そのあたりのこ

ともなんとなくわかっている」かもしれません。そして親も「そうした関係」が子とあれば「なにかあったときのために」と「親の方から子に伝えている」かもしれません。しかし「親だからといってお金がある」とは限りません。

少子高齢化と並行して独居生活をおくる高齢者が増えているといわれて久しいのですが、最近では中高年者のひきこもりが数十万といったことから「８０５０問題」といわれる親子の関係を指摘するものもあります。これは親と子がともに高齢になり、さらに親子で頼りになるのは親の年金であるようなケースも多いと焦点をあぶりだしています。親が亡くなりでもすれば50、60となった子はその先どうなるのか。中高年者の「ひきこもり死」といったニュースがそれにかぶります。

「親のお金」というとき、老後資金が２０００万円足りないといって話題にもなりましたが、あんなのはよくよくみれば「これから老後を迎える４０５０代」は投資信託やら株式やらで「資産形成されるのがよいですよ」という「金融機関の商売繁盛のためのあおりでしょ」という声もあります。現在、80歳代、90歳代の高齢者には「老後資金が２０００万円たりない」というのは「だからなんなの！」ということでしかありません。

「親のお金」というと、「相続」や「亡くなった後の手続き」「生前にできること／やるべきこと」があります。たとえば、これまで相続といわれてきたもの、高齢者の認知機能の衰えからはじまること、高齢者詐欺被害を知ることからの高齢者のお金の守り方、それらを「親の立場と言い分」、「子の立場と言い分」から、「親のお金 守ります」という目的を果たすための基礎知識的なものをこれから紹介していきたいと思っています。

子は子で50、60となり、親は80、90となり、年金暮らしや老後破綻、老老介護や独居生活、詐欺被害と向かい合い、親と離れて暮らす子は子で「自分の生活や子育てに不安」を抱えつつも勝手に「自分の親はもう少しは元気だろう」と思っていた矢先、親の健康寿命が突然終わったりします。

同居していたとしても施設入所による困難解消は行政のパンフレットの中に書いてあるだけで、多くが介護や認知機能の衰えに国や法律がうたうほどのサポートを受けられずにいるのが実情です。

親自身はもちろん、子や家族や身近な人も「そろそろ真剣に考えないとね」と言いながら、さて「何を真剣に考えるのがいいのか?」「対応としてなにをどうすればいいのか?」ということでジタバタというか気持ち的にざわついていたと思ったら、突然状況

が一変するのです。そういうとき、そういうことが「いつどう起こるのか」は誰も知りませんが、「いつかはそのことが起こる」ということだけは誰もが感じているところです。

とかくこの世は「金は天下の回りもの」というがゆえの生きづらさがあると言いますか、ここでは「もうここまで生きて来ちゃったんだから」と、少しでも楽ちんというか気分良くなれることがあるとすれば、「お金の苦労というか心配をもういい加減しなくて済めばそうふうになりたいね」というところに焦点を当ててみます。それも、近頃いわれる４０７０《よんじゅうななじゅう》、５０８０《ごじゅうはちじゅう》、６０９０《ろくじゅうきゅうじゅう》問題の、「親は超高齢になり、子も高齢者になったところ」で想定される「親のお金」をめぐる現状とその先を見据えてみます。

仮に「自分のお金を守る」とすると、それはみなすべて「それぞれ事情も違えば方法も違ってくる」はずです。ゆえにさらっと「実用的な読みもの」として、項目ネタを読み下していただくことで、読者のみなさん個々人が「それぞれの立場と言い分に沿った知恵と方法」により、「とりあえず、こうしてみましょうかねえ〜」というものを見出していただければ、と願います。

お金や財産のこととなると、親と子といえども、越えなければならない「一線」があります。さて、その一線を越えたとき、「見えてくる景色はどんなもの？」なのでしょうか？　それでは、「親のお金　守ります」——はじまりです。

目次

5章

6章

「親のお金」はどこにある？ 209

◎「親のお金」早わかり図版・コラム［収載ページ一覧］

【ざっくりでよいので読んでみてください。】

「親のお金」が抱える問題や起こり得る事態、法律的な解決を導いてくれる「いざというときスッキリ・スムーズに対応できる」基礎知識の解説集です。

相続人の範囲

一般には、民法の定め（886条以下）に従って遺産を相続できる有資格者全員のこと。いわゆる法定相続人のことですが、亡くなった人が遺言で指定している法定相続人以外の遺産受取人も含めていう場合もあります。

相続が生ずる

相続は「死亡によって開始する」と民法に定められています（882条）。条文上は「開始する」ですが、「生ずる」という言い方もよくされています。いずれにせよ、亡くなった人の財産や契約上の地位が、その死と同時に相続人にまるごと移転するという意味です。

法定相続分

亡くなった人の遺産を誰がどういう割合で相続できるかは、亡くなった人が遺言で指定を残していないかぎり民法の規定（900条）に従います。民法で決められた割合が法定相続分で、たとえば配偶者と子が相続人となるなら配偶者＝1／2、子＝1／2（複数いれば頭割り）です。

相続資格

どういう人が相続できるのかは民法によって定められています（第5編・相続－第2章「相続人」886条～895条）。亡くなった人との親族関係、親族間の優先順位、権利を失う欠格事由などの条件をすべてクリアした人が相続資格をもった相続人となります。

戸籍を集める

亡くなった人の財産の名義を銀行や法務局などで相続人に変更するには、亡くなった人の戸籍を出生時から死亡時までそろえるとともに、相続人側も全員の戸籍をそろえて提出することを求められます。その数は複数にわたり、場合によっては膨大な数を集める必要に迫られるのです。

生前贈与

生きているうちに財産を無償で譲ることを生前贈与と呼んでいます。「贈与」ですむのに「生前」をつけるのは、亡くなったあと遺言の指定で財産を受け取らせる「遺贈」と区別するため。生前に相手と贈与の契約をし、受取りは贈与者の死亡後という「死因贈与」の方式もあります。

連続した戸籍

日本では出生時にまず親の戸籍に登載され、結婚するとその戸籍を出て新規に夫婦の戸籍を作ります。転籍や改製（役所の側の作り直し）によっても戸籍は新しくなります。それらの新しく作られた戸籍をすべてそろえ、ある人の生涯に渡って切れ目なくつなげた一式が「連続した戸籍」。

生前贈与の持ち戻し

特定の相続人が生前贈与を受けているとき、さかのぼってその贈与分まで繰り入れた（持ち戻した）額をみなしの相続財産額とすることで生前贈与を受けていない者の受取額を増やし、他方、生前贈与を受けた者の受取額は贈与額分だけ引いて減らす作業を行なうのが法定相続の原則です。

家族信託

信託とは信用のおける人や法人（受託者）に財産を預けて管理・運用をしてもらうことですが、信託銀行や信託会社が営利業務として行なうのが商事信託、個人が自分の利益を目的とせずに引き受けてするのが民事信託。家族信託は、民事信託のうち、家族が受託者となるものの通称です。

権利証

不動産を売って買主に登記を移してやるとき、その物件の本当の持主であることを証するために権利証の提示を求められます。「権利証」は通称で、売主自身がその物件を取得して登記したとき法務局から交付された登記済証、電子化後の登記なら登記識別情報通知がこれにあたります。

口座凍結

銀行預金口座の名義人が死亡すると、銀行はその口座にかかわる一切の引出し・振込みを、相続人全員が相続手続きを終えるまで停止（凍結）します。口座名義人が重度の認知症などで判断力を失ったときも、窓口での取引きができなくなった状態を口座凍結と表現することがあります。

遺留分

相続人は、自分が遺産をまったく受け取れない内容の遺言があっても、最低限の割合（遺留分）だけは受け取る権利を保障されています（民法1042条）。ただし、遺留分をもつのは配偶者と子（合わせて遺産の1／2）、親（1／3）だけで、兄弟姉妹には遺留分はなし。

二次相続

たとえば親が亡くなって相続が生じ、その遺産分けが終わらないうちにもう一人の親（先に亡くなった親の相続人でもある）も亡くなってしまった……というように、立て続けに生じて重なった相続のことを数次相続と呼びます。最初の相続が一次相続、次に生じたのが二次相続。

配偶者居住権

亡くなった人と共に住んでいた配偶者（妻・夫）は、その家の所有権ならぬ居住権（所有権より安い）を受け取り、そこに住み続けることができます（民法1028条）。所有権だと高すぎて他の相続人への代償金が必要となるなどの不都合を避けるための規定。2020年４月１日施行。

1章

「親のお金」マナーと急所

01 親の財産について知っておくべきことはなんですか？

◉親と子だからこそ「聞きにくい」「伝えにくい」「話しにくい」としても結局は「どうにかしなければいけない」ことです。

親がどんな「保険」に入っているのか、家の「権利証」がどこに置いてあるのか。そういえば「年金」の受け取り先や貯金とか……知らないどころか聞いたこともない。久しぶりに帰省してひどく老け込んだ様子にふとこんなことに思い至るのです。これでは、万が一なにかがあったとき、困ることになります。さりとていきなり親に向かって預金のことや権利証のことなど聞けるものでもありません。しかし、母や父の老い先を思うと、そのまま放っておくわけにもいかない。そして淀んだ気分でいるうちに休暇の時間は過ぎていき、また職場のある遠い土地へと戻っていく日がやってきます。

このようなことは、多くの人に思い当たる節があるのではないでしょうか。決して欲得ずくで聞きたいわけではないのです。けれども親の死を前提として話を切り出すのは、やはりなんとなく気がとがめます。親が気分を害したり、悲しんだりするのではないか、と——。

しかし、聞いておいた方がいいのはあたりまえなのです。むしろ、聞いておかなければならないと、より強く自分に言い聞かせるべきことなのでしょう。

なにかいい手がないものでしょうか。

◉糸口を見つけてゆるゆると……それでも知りたいわが家の財産状況はどうなっているのか？

これで決まりというような妙案はどこにもありません。それぞれの親の気質や子との関係性にもよることなので、そもそも一般論では語れません。それぞれ自分なりの言い方を探して切り出すしかないということです。それを前提としたうえで、少々思いつきを書いてみます。

両親存命であれば母親の方に父親名義の財産について聞いてみるという手もあります。「でもヒデちゃん、急にお父さんの財産だなんて。なにかあったの？　はっきりいいなさいよお母さんには」と逆に突っ込まれることもあるかもしれませんが、「わたしもよく知らない」ということであれば、それはそれでいいでしょう。いきなり「うちの預金口座は……」とやると露骨すぎるので、そのときは周辺から攻めていく手もあります。

たとえばエンディングという言葉があります。よくよく考えると高齢者にとってはそれなりに「きつい?」のですが、英語にしてあるおかげでサラリといえば気にはなりません。いきなり核心を突かず、世間一般の話、「ヨソの家ではエンディングノートなんてものつくったりしてるらしいけど」……そんな話を枕にするというのもコツではあります。

あるいは親の大切にしている趣味の道具をダシにするという手もあります。

「あのゴルフクラブはすごくいいんで、いつかは俺がもらうから」といったあたりを突破口に、ゆるゆると本丸に迫っていく。親の方でも「そろそろ伝えておかないと……」と気にして、きっかけを探していたりするものです。それにその場では、エンディング・ノートやゴルフクラブのことだけで話が終わったとしても、そんな話が子から出たということで、親の方にも気持ちの変化が出てくるかも知れません。

「もしものときのために、きちんとまとめて書いておかないといけねいなあ」という気になってくれるだけでも充分だとしましょう。

いつか「あのこと」だけは、誰にでも平等に訪れます。もちろん「あのこと」とは、死です。その前と後、とくにその前は、親本人にもできることがたくさんあることに気づいてもらうべきです。

02 高齢者ゆえの無駄遣いや詐欺まがいの浪費から親を守る方法はありますか？

◉ **たとえ親子であろうと「親のお金は、親のもの！」——たとえわが子といえども、勝手に使ったり引き出したりはできません。**

親のお金は誰のものか——といえば、親のものに決まっています。いずれ子が受け継ぐ（相続する）ものだとしても、親が生きているうちは（存命中は）、親のものは親自身のものだからです。あたりまえの話、それをどう使おうが親の勝手ですし、親の承諾なしに子が使えば親不孝どころではなく「犯罪」にもなります。

それでは、親が自分のお金を「無駄遣い」しているとしたらどうでしょう。子はそれをやめさせることができるでしょうか。

たとえば高齢の親がギャンブルにはまってしまったり、損するに決まっている詐欺紛いの投資商品にお金をじゃんじゃん注ぎこんでいたり、80歳超えて歯のインプラントに数百万円使ってしまったり、スナックの開業資金一口300万円で一生オーナー待遇話に乗ってみたら3口分持ち逃げされた井村さん87歳の場合でも、子は親の無駄遣いをやめさせることはできません。むろん子から親への忠告や説得、アドバイスはできることはできますが、親がみすみす「自分のお金を失う」ようなことをしていても子の立場で親のその行為を強制的に「止めることはできない」のです。なぜなら財産は、それをドブに捨ててしまうことですら所有者に「完全な自由が保証されている」からです。

⇩

「言うまでもないことですが、財産はお金に限らず、不動産や債券類や各種物品など、いろいろなものがあります。持ち主が好きなように処分していいことはぜんぶ同じです。」

◉ 親のお金がもし「犯罪被害」に巻き込まれているのなら親本人でなくても子の立場から「告発」したり、取り戻す手はあります。

親が自分の財産をどうするのかは親の自由意志です。これは親でなくても個人は誰でもあてはまる「原則」です。すこし小難しい言い方になってしまいますが、たとえ公権力といえども私人の財産権を侵せない原則、所有権の不可侵というものがあります。これはお金＝財産の大原則となる基本ルールであるわけですが、しかしそこにはいくつかの例外を認めることもできます。極端な話、親が犯罪に巻きこまれている場合（詐欺、脅迫などで財産を奪われている場合）がそれです。

詐欺の場合は（振り込め詐欺など単純なものは別として）、犯罪成立までのグレーゾーン（ギリギリ法的に許される勧誘トークの範囲など）が広く、加害者を罪に問いにくいので、警察も簡単には訴えを受けつけてくれないという実態があります。しかし事件性のあることを表に出すだけでも何もしないより「正義はある」というものです。そして最終的な救済は、子本人ではなく、警察や検察、裁判所など公の組織の受持ちになりますが、犯罪の告発は被害者（親）本人でなくても可能なのです。奪われたお金を民事で取り戻す段取りも、親から代理権をもらえば、子は親のために問題解決に向けて動くことができるようになります。

高齢者が狙われる詐欺被害はいまだに次から次へととどまることを知りませんが、もし親がそうした被害に遭っているとしたら、子としては割って入って親を救うためにできることはあるということです（というか、「救わないといけません！」よね）。もっとも、子がどう動こうが、親の方で「どうしても自分のお金をあの人（詐欺師の受け子や悪徳セールスマン）に渡すんだ」とがんばられてしまうと（洗脳されて、まともに判断できない状態であっても）、子がそれをやめるよう強いることは、たとえ犯人が逮捕されたあとですら無理なのです。そこがなかなか辛いところです。

03 親本人から教えられた暗証番号で親の銀行口座から引き出しただけでも？……

◉親のキャッシュカードで子が引き出すと犯罪？

親の身の回りの世話をしているうちに、親に頼まれ親の銀行口座から預金を引き出すことはあり得ることです。そんな子による親のお金の出し入れでは、ほかのきょうだいから、本当に親に頼まれて親のために使うお金を引き出しているのか疑われることがあります。そのためには「いつでも」「誰にでも」出納帳や領収書を示して「十分な説明をできる」ようにしておくことが肝要です。実際、高齢の親から頼まれたお使いで暗証番号を教わってキャッシュカードで「子が親のお金を引き出す」ことはありますが、仮に「子が勝手に自分のために親のお金を引き出して使えば」横領となります。

親族間の横領行為は刑罰が免除される旨の刑法の規定（244条、255条）がありますが、この場合の直接的な被害者は銀行とされるので、子など親族であっても免責にはなりません。親本人がまだ判断力のあるうちに銀行に申請して自分とは別にもう1枚キャッシュカード（代理人カード）を発行してもらい、子などにもたせておくこともできますが、これとて子が親のお金を自分勝手な目的に使えば同じです。

◉銀行の窓口でのお金の引出しは必ず口座名義人の確認がなければなりません。

親のキャッシュカードを使うのではなく、子が親から預金引出しの委任を受けたとしたらどうでしょう。正式に委任状をつくり、親が署名して実印も押すのです。これなら子が親のキャッシュカードを勝手に使ってお金を引き出しているという疑いはありません。

しかし、銀行というところは名義人本人以外の人間が委任状をもってやってきても、そのまま信用することはまずないのです。たとえそれが財産管理委任契約というかたちできちんと結ばれ、公正証書にもしてあったとしてもです。もちろん支店ごと、担当者ごとの判断によって対応は異なるのですが、たいていの場合（大きな金額が動くときはとくに）、口座名義人である預金者本人のところに確認の電話を入れます。

親が認知症だった場合、電話に出ても銀行からの質問にまともに答えられません。銀行は窓口での出金や振込みの依頼を断る対応をとるでしょう（そして成年後見の利用をすすめてきます）。本当に親のためのお金が必要なときには、困ってしまった子と銀行の担当者とで言い争いになりそうです。銀行によっては、事情を汲んで手続きをしてくれる場合もあるのですが、すんなりといかないことは確かです。

◉親のお金を引き出す役目を負った人は、きちんと記録しなければならない。

しかし、問題が泥沼化する危険性は、代理人と銀行との間ではなく、代理人とその身内（とりわけ相続人となるきょうだいたち）との方が大きいのです。子が、引き出した親のお金を好き勝手に使いこんだとしても一人息子や一人娘がしたのなら文句の出どころがないかもしれません。しかしいずれ親が亡くなって相続となれば、預金残高を銀行から記録を取り寄せて確定させなければなりません。他のきょうだいも相続人として銀行に過去の取引履歴など資料の請求権限をもちます。なにかやましいことがあれば簡単に明るみに出てしまいます。ですから、親のお金を引き出す役目を負った人（子や家族や身近な親戚など）は心してきちんとした出納簿をつけ、領収書つきで親のお金の使い途を記録しなければならないのです。他のきょうだいから疑われる前に、むしろ自分の方から積極的に親のお金の使途・金額・必要性などの情報を提供していくべきです。

04 親が家を処分します。その売買を頼まれた子の立場での最低限法律知識とは？

◉ **不動産の売買では相手方は必ず委任者本人に確認をいれてきます。つまり親子のあいだで「話は決まっていても確認は別にする」ということです。**

たとえば、急に親が衰えてほとんど寝たきりになってしまい、外に出て契約交渉などこなせそうもないというとき、折良く優良な老人ホームがみつかりました。家族も本人も「ぜひそこに入居できれば」ということになったとします。しかし契約するには高額の入居金が必要です。親の銀行預金を使わなければならないのはもちろん、「いま親が住んでいる家も売らなければ間に合わない」「早くお金を用意して申込みしなければ、ほかの希望者に回されてしまう」……というとき、どうすればいいでしょうか。

親の不動産を売ったそのお金を施設入所費用にする場合、親の判断力があるうちなら「委任を受けた子」などが親の家を売却できますが、不動産取引では通常、必ず相手方は「本人確認」を求めます。いずれにしろ、親が急に倒れたり、重い後遺症に悩まされたときは財産の整理処分の方式として「委任契約（財産管理委任契約）」というものがあります。また、「親の認知機能に疑いがもたれるような状況」であれば、「財産管理委任契約」にくわえ「任意後見契約」という法定制度の2段構えを理解しておくとその先の選択も見えてきます。しばしば「法律？　苦手だな～」という声を聞きますが、親が急を要する事態になってしまったとき、何を頼りにどうすればいいのかで納得のいく判断をするには法律の基本と入り口を知っているだけでその差は実に大きくなります。とりあえずここでは、財産の整理処分の手続きとなる「財産管理委任契約書」をみていきます。

◉「財務管理委任契約書」「不動産売却の委任」「代理人届」――大きなお金が「動く」ときの書類関係の基本はこれです。

「財産管理委任契約書」の契約内容には、「銀行との取引（預金の引出しや振込み）」「養・介護施設への入所手続き」などが「委任事項」とされているのが一般的です。しかし不動産については「保存及び管理に関する事項」とあるだけの場合が多く、この場合、不動産の「売却」は含まれていません。この含まれていない不動産の「売却」を可能にすることがここでのポイントです。親のお金を銀行から引き出す（相手先口座に振り込む）、あるいは親の不動産を売ることを「実現できる方法」をおさえて行きたいと思います。

銀行預金の引出し・振込みでは、親と子でたとえば委任者の実印を押して印鑑証明書をつけた書面を持ちこんでも、銀行が用意する「代理人届」の定型書式に必要事項を記入して提出することを求められることが多いでしょう。銀行の「代理人届」には「今回の引出し額・振込み依頼額」や「親の預金口座番号」を記入し、「代理人届」には委任する親が自筆で記入することを求められます。これは「委任する」という意思が本物であることを確認するためですが、それだけでは足らず銀行から改めて確認の電話が入ったり、さらに慎重を期して面談を求めたりすることもあります。とくに大きな金額を動かすときには必ず相手の金融機関はそうするといっていいでしょう（銀行まで出かけられない親の場合は銀行の方から担当者が親の家を訪ねてくることもあります）。

◉不動産取引で親の代わりをする「代理人」という立場をしっかり自覚しましょう。

親の家を売る場合、子が親からの委任を受けて買主（あるいは仲介に立つ不動産業者）との契約をすすめることができます。しかしこの場合でも大きな額のお金が動く取引だけに、委任状一枚あるからといって信用されることはまずありません。相手方は必ず委任者本人（親）の意思を確認してきます。それも直接の面談を求めるはずです。

また、不動産を売る場合、売買契約を結ぶほかに登記の移転手続きもしなければなりません。通常は司法書士に任せることになりますが、司法書士は目的物件の登記移転を申請する前に、必ず登記の名義人（すなわち売主であり売却手続きの委任者である親）の意思を確認します。親から委任を受けたと称して委任状を偽造した子が無断で親の家を売り払おうとするような不埒なマネが万が一にも成功しないよう、ここに最後の関門を置くわけです。

◉認知症の「親の代理」で子が「不動産売買をしよう」として「取引が成約しない」場合は普通のことと受け止めておくのがよいかもしれません。

親の判断力がまだしっかりしているときにした「委任」は、その後に親が判断力を失ったからといって無効にはなりません。しかし、相手方は、委任したこと自体が嘘ではないかと疑い、親に成年後見人をつけるよう求め、あらためて後見人との間でその家の売買契約を交わすことを提案してくれることがもっぱらです（委任されていた子はこのときお役御免となります）。

後見人の選任は家庭裁判所への申立てから数か月程度はかかりますし、近親者以外の後見人が選任されてしまうと、自宅を売ってまで親を老人ホームへ入れることが親の財産の毀損行為だと判断されるリスクもあります。いずれにせよ、親の家を売って老人ホームへの入居資金を調達するというプランの先には暗雲が垂れこめることに……。

◉親の健康状態や受入先の施設の検討も含め、銀行は個別の対応により特例措置のサポートも……。

銀行の方も、対応は似たようなものです。銀行が親に確認をとろうとしたら重い認知症だったりすると「もしかして委任状は偽造……？」とまで疑うかはともかく、ほとんど例外なく成年後見制度の利用をすすめてきます。

もっとも銀行取引の場合、親の預金の振込み先がその施設の入居金受付け口座になっていたり、決して子が好き勝手できる私的口座などではないといった事実が確かめられたなら、その支店の担当者の裁量で特例的に振込み手続きをすることもありうるというのが現場でとられている対応です。そういう融通のきかせ方は、顧客の生活を金融活動を通じて支える銀行の社会的責任の発露というべきものでしょう。

05

親のお金や財産を守るには何をどれだけすればいいのでしょうか？

◉ 親のお金を守る制度には「法定」の制度と「任意」の制度があります。

「後見人」や「信託」ということばを聞いたことがあるでしょうか？　いずれも法律で決められていることがあるので、どんな制度があり、利用するにはなにをどう手続きしてどれくらいの費用がかかるのか知っておきましょう。

平均寿命がどんどん伸びていくなかで高齢の親が悪い人間や集団につけこまれたり、不要不急の高額商品を買わされてしまったり、詐欺的な投資にお金を注ぎこんでしまったり、というケースも増えています。たとえば目の前で、親がどう見ても不利益な取引をどうしてもするというとき、子であってもそれを強制的にやめさせることはできません。さらに困ったことに、本人はしっかりしているつもりでも、いつしか認知機能に衰えが出てきてもそれに気付かず、「なんでそんなことになっちゃったの！」と本人はもちろんまわりが気付いたときには「もう遅かった」というようなことは普通によくあります。「あんなにしっかりしていたのに急にぼけちゃった」というか、「記憶が飛んだり何を忘れたのかさえ忘れてしまう」ということもあります。そんなとき、一本の電話が……。

こうしているうちにも日本のどこかで詐欺被害や悪徳商法に狙われている「親のお金」があるわけですが、そんな「親の財産を守れる」効き目のある手がなにかないのか……という切実なニーズに応えていくつかのしくみが用意されています。次の3つがそれです。

❶　法定後見制度（成年後見制度）　❷　任意後見契約　❸　財産管理委任契約

①は認知機能の低下がかなりの程度で進んでいるとされる場合に用いられます。

②と③は、まだ親の判断力がしっかりしているうちにとれる対策です。

それをまず頭に入れておいて、制度の内容をみてゆきましょう。

◉成年後見（❶法定後見制度［成年後見制度］）は法定＝法律が定める制度です。費用と後見人を選ぶ自由度のなさが「本人や家族」にとってネックとされます……。

❶の「法定後見制度（成年後見制度）」は、家庭裁判所に申し立てて病状や財産状況などをふまえた審判を受け、裁判所が選んだ後見人に対象者（成年被後見人）を保護してもらいます。

このとき、息子や娘が自分で後見人になるつもりでいても、必ずなれるとは限りません。裁判所は親族後見人が財産を使いこむことを警戒しているので、弁護士など親族以外の人を指名するケースが多いのです。

そうなると、その弁護士などに対して報酬を支払う必要が出てきます（管理にあたる財産額などによりますが、月2万円〜6万円くらいはかかります）。また、親の介護や入院で大きな額のお金が必要なときでも、子の一存では親の貯金などからその費用を引き出すことができなくなります。親のお金の使い途を決められるのは、他人であるその後見人だけだからです。これが法定後見制度の使い勝手の悪さです。

◉成年後見のメリットは不正や悪質な取引では取り消しをして「返せ！」と強く要求できるところですが……さて、その実情は？

一方でこの制度のメリットは、親が「成年被後見人」となったあと、不利な取引や余計な買物や損の出る投資や財産を失ってしまうような行為について後見人が取り消せることです。この取消しが実行されれば親のした取引は最初からなかったことにでき、取引相手に渡した財産があれば「返せ！」と要求することができます。

後見人には「そのようなたいへん強い権限」があります。高齢者を狙う悪質商法に対し

成年後見をむすぶときの手順

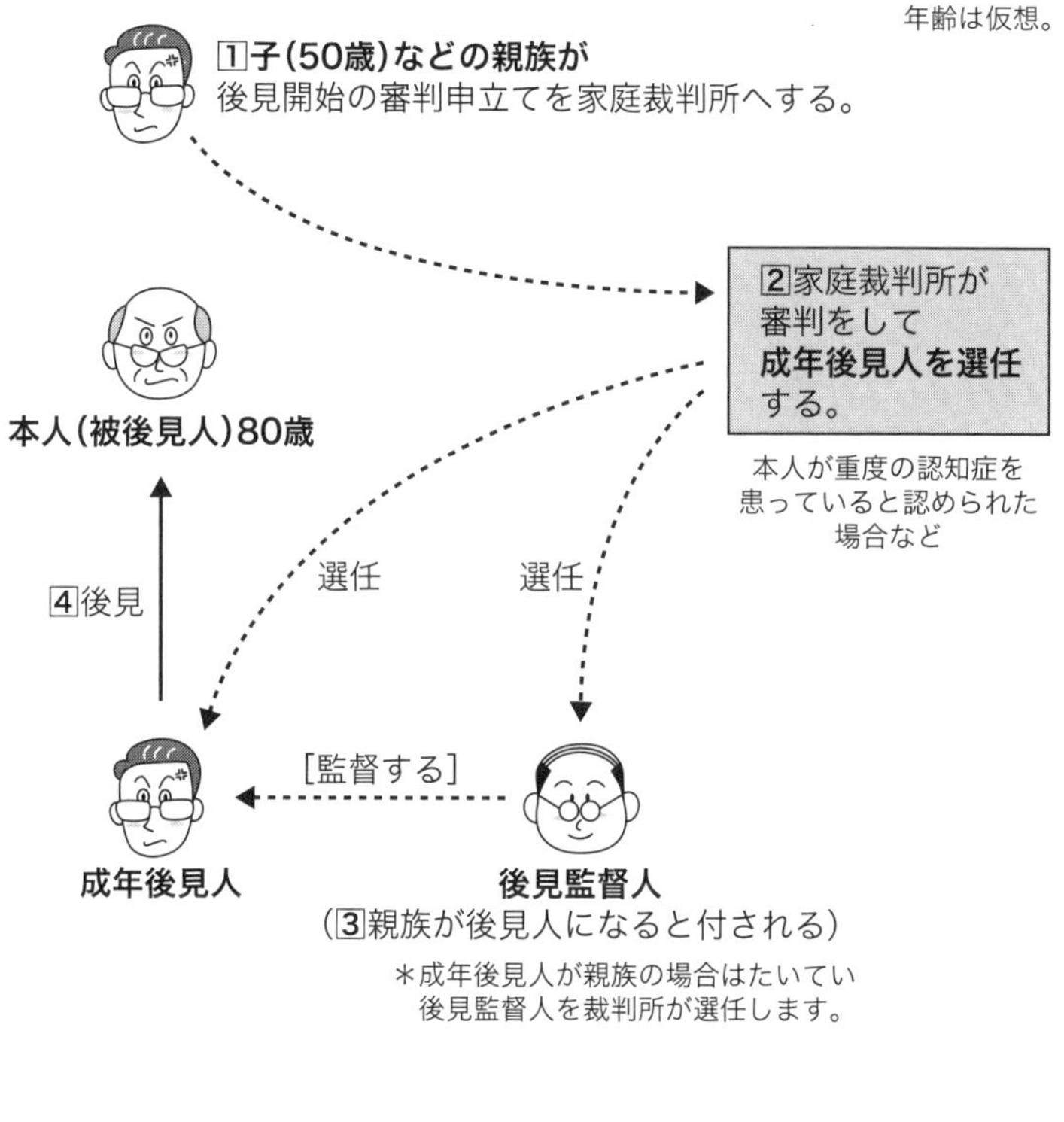

年齢は仮想。
①子(50歳)などの親族が
後見開始の審判申立てを家庭裁判所へする。
②家庭裁判所が
審判をして
成年後見人を選任
する。
本人が重度の認知症を
患っていると認められた
場合など
本人(被後見人)80歳
④後見
選任
選任
[監督する]
成年後見人
後見監督人
(③親族が後見人になると付される)
＊成年後見人が親族の場合はたいてい
後見監督人を裁判所が選任します。

④月費用：２〜６万円
仮に月５万円で３年経過すると５×12×３＝180万円

ては「非常に有効な備え」となるとされます。ただ、現実問題としていくら取消権があるといっても「いったん相手方に渡してしまったお金」はなかなか戻ってこないのが実情です。それでも取引対象が「不動産のように持って逃げられないもの」については、手続きをきちんと踏んで取り戻せる可能性は高いとされますが、金銭のやり取りだけの場合はほとんどの場合、回収困難なケースが多いとされます。

任意の制度で「親のお金を守りたい」という場合は、親が「元気なうちから準備をして手続きへ」というのが必要条件です　法定の制度である成年後見以外の②③は、すべて保護を受ける当人の了解が必要です。したがって、親の判断能力がほとんどなくなってしまってからでは、これらの対策をとることができません。そうしたいと思ったときは手遅れということがあり得るわけです。

◉「任意後見契約」は親と子のプライベートな「後見契約」になります。

「任意後見契約」は、後見人をつける点は❶の法定後見と同じでも、契約段階では家庭裁判所に申し立てて審判を受ける必要がありません。将来「後見人」となって親の財産の管理をする子（親が信頼する人＝受任者）と、親（委任者）とが、プライベートな後見契約を結ぶのです。

任意後見では、後見人になる者を、息子なり娘なり、自分たちで自由に決められます。法定後見のように裁判所が見も知らぬ他人を選んで押しつけてくることはありません。したがって、後見人に支払うべき報酬は生じません。

しかし少々面倒な手続きを要求されます。

任意後見契約は、必ず公証役場に行って公正証書にしなければなりません（公正証書にしなければ契約の効力が生じません）。契約を結んだあと、月日がたって親が認知症などにより判断能力を低下させたとき、家庭裁判所に行って後見監督人になる人（任意後見監督人）を選んでもらいます。任意後見制度では後見人になる人を好きに決められるかわりに、「その後見人が不正なことをしないように見張る監督人を必ずつけさせられる」のです。

この後、後見監督人が選任されたときから任意後見契約は効力を生じ、任意後見人が親の財産の管理を始められるようになります。また、後見監督人では支払うべき報酬も生じます（後見監督人は財産管理の仕事をせず見張るだけなので、成年後見の場合の専門職後見人「弁護士など」への支払よりいくらか安いですが、月1万円～3万円程度はかかります）。気をつけなければならないのは、この任意後見契約によって後見人になった人（任意後見人）は、名は「後見人」ですけれども、「法定後見（成年後見）の後見人」のように被後見人が結んだ「不利

任意後見をむすぶときの手順

年齢は仮想。

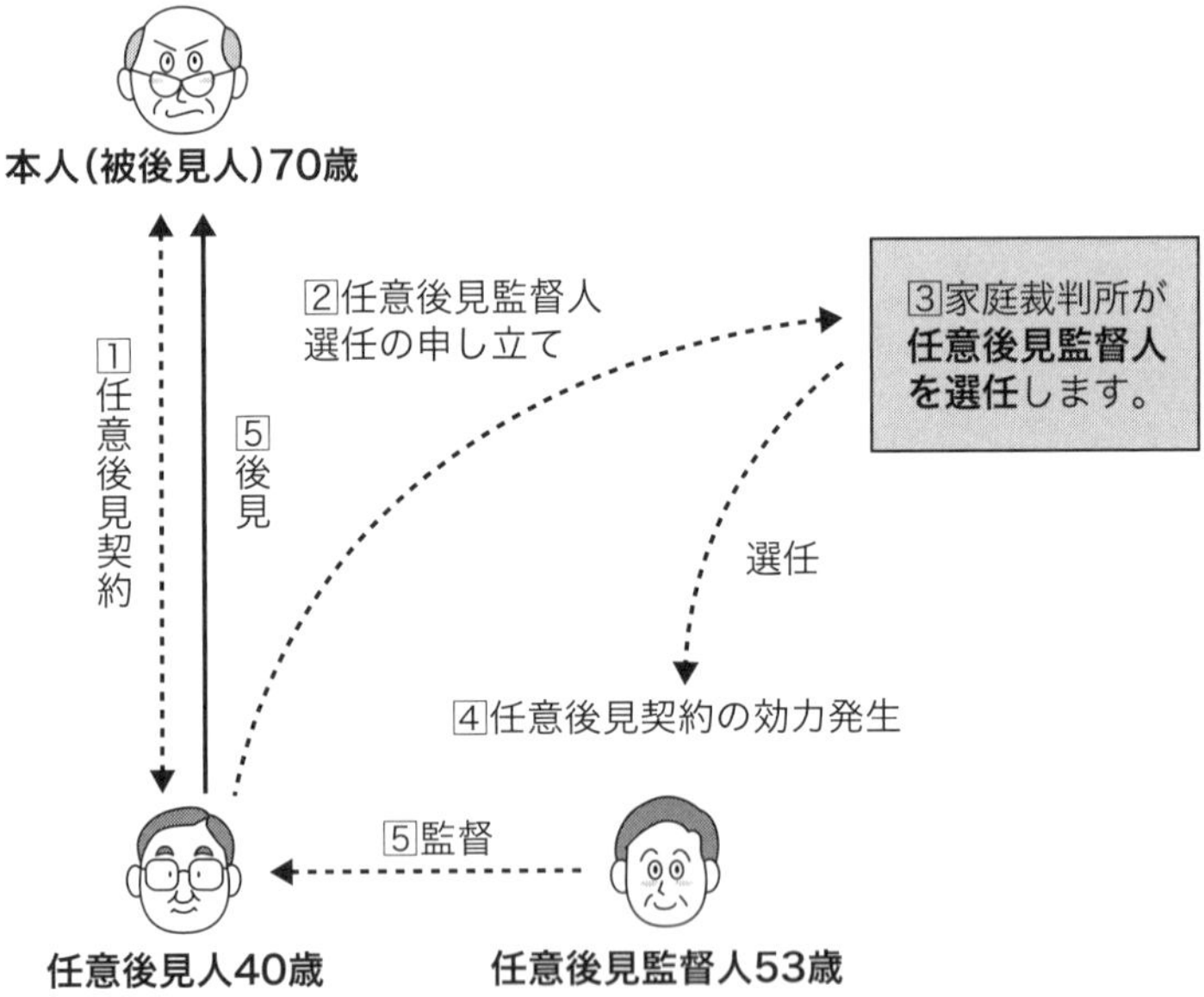

＊任意後見契約は必ず公証人役場で契約内容を公正証書にする必要がある。

法定後見人にくらべ任意後見人は本人（被後見人）が結んだ不利な契約をあとから取消す力はありません。
後見監督人費用：**月額：１～３万円**

な契約」を「あとから取り消せる」という強い権限はもたないということです。

◉取消権がないので防御力も弱いのが「財産管理委任契約」です。

❸「財産管理委任契約」は、親の判断能力が衰えたり身体の自由がきかなくなったりしたときのために、まだ親が元気でいるうちに息子や娘など（受任者）が親（委任者）の財産の管理や処分を任せてもらう契約を親と結ぶことです。裁判所によって受任者に監督人をつけられることがありません。いつから契約どおりに親の財産管理を始めるかについても、とくに決まりはないのです。任意後見契約による任意後見人と同じく、この財産管理委託契約の受任者にも、親（委任者）のした契約を取り消す権限はありません。だからこそ悪いやつが親のお金を狙って近づいてきたとき、受任者である子が「自分が財産管理を任されているのだ！」といって相手の前に立ちふさがるのです。それでも、相手が引き下がらず、なおも親の方に食いこんで契約をしてしまえば、取消権のない受任者にはもうどうしようもありません。ですから、受任者である子としては、成年後見や任意後見をする段階よりも、親の様子によほど注意を払っていく必要があります。「親を守ってあげたい」という子の覚悟はこういうとき欠かせないのです。

財産管理委任契約は
親が元気でいるうちにすすめたい

年齢は仮想。

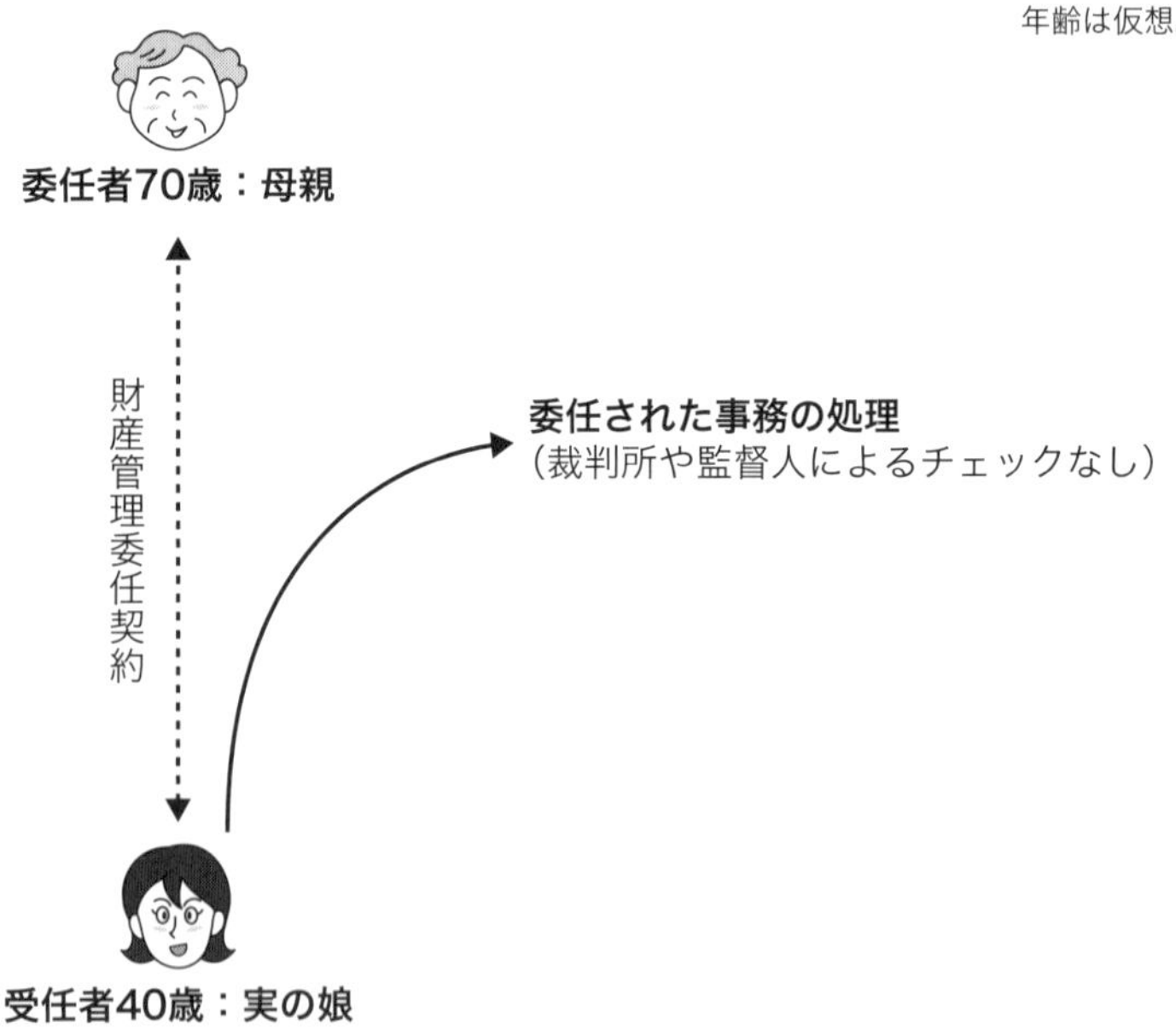

「親を守ってあげたい」という子の覚悟があってこその契約です。

2章

「親のお金」をどう守る？

06 詐欺・悪質商法が高齢者を狙っています。

親がもしものとき「守る」「守ってあげたい」その前に……

何百万円、何千万円もの老後資金が悪らつな手口で奪われ続けています。悪いやつらに狙われてしまったとき、さて、何をどうすればいいのでしょうか。「そのとき、やるべきこと」「その場で、やれること」を再確認します。

◉ 詐欺被害パターンを3つおさえましょう。

悪らつな手口にひっかかり、何百万円、何千万円もの老後資金を失ってしまう被害は後を絶ちません。胸の痛むニュースが相次いで伝えられてくる状況です。**悪いやつらが高齢者を「おいしい獲物」として集中的に狙っています。**

そこで詐欺被害のパターンを3つあげてみます。

①電話による「オレオレ詐欺＋新たな手口の詐欺すべて」系

②自宅訪問による売り込み「訪問販売商法」系

③電話や道ばたでの勧誘で購買契約に誘い込む「キャッチ商法」系

世の中とはすごいもので、この3つすべての被害にあったという人もいます。そこまでいくと**「あっちも一生懸命考えてくるよね」**とのんきというか不謹慎なことを言ったりしてましたが(当事者談)、いずれにしろだまされていいのはサプライズによるプロポーズやハッピーバースデイや金婚式や銀婚式のお祝いに限ります。

◉突然の「電話でのお願い」や訪問してきた「人物」を信じてしまったとしてもお金があっても「お金ないわよお~」がどんなときでも「最初の一言」

ところで最近の詐欺被害のニュースでは、本人に「口座振り込みをさせる」とか郵便や宅急便で「現金を送らせる」というものがあります。それから年金や税金、滞納金や違反金が「見つかったので!」「その説明にこれからそちらへうかがいます!」とか言って、近寄ってきます。そして、市役所職員とか弁護士とか行政書士とか、警察官や刑事、税務署職員や裁判所の書記官などの「職業」を騙って自宅を訪問したりします。さらにそこで説明を受けているうちに、訪問してきたのは「本物だ」と「すっかり信じてしまい」いよいよ詐欺に巻き込まれていきます。

高齢者のみなさんは人が善いですから「相手の力になれるのなら」突然の騒ぎを「少しでも早く乗り越えられるのなら」と、実に協力的な対応をしてしまったりします。

「……わかりました。そういうことであれは、すぐにでも手続きしますよ。……ええ。そうですね。いいんですか？　すみませんね。……なにからなにまでお世話になるだけで。では、お願いします……これが通帳ですね。それとカードです。暗証番号は口では言うのも何ですから、ここに書いておきました。」（でもこれでは全然ダメ。最悪の対応です。）

まずここで、これだけは強く覚えてください。

ある日突然、市役所職員とか弁護士とか行政書士とか、中には警察官や刑事、税務署職員や裁判所の書記官などという「人物」がやってきたとしても、「自宅の玄関での現金のやりとり」や「銀行のキャッシュカードをわたして暗証番号を教えて振り込んでもらう」ことは絶対にしないでください。それができなかったときは「あなたのお金」が「被害にあう」ときです。

◉年を取ると「少しでも多くお金を持っていたい」というのは不安から来るのか安心から言うのかは人それぞれのようですが、「自分のお金は自分できっちりきれいにつかいきれるか」どうかも高齢者の課題です。

高齢者は世間一般的に「自由にできる資産」を「若い世代よりもたくさんもっている」とされています。でも高齢者だからといって誰もがお金をたくさん持っているわけではありません。なによりみなさん、今日明日急にお金が必要なときがくるとしたらいつか？それは高齢者の場合（心苦しいことですが）、急に「亡くなるとき」だけです。亡くなったときの準備ができていない場合、配偶者や子は少なからず葬儀やらの支払いでざわつくものですが、「亡くなる人」がお金でざわつくことはありません。

なぜなら「あの世からはお金のことはどうすることもできない」からです。

ゆえに、高齢になったらするべきことの1つは、自分が亡くなったその後の「お金」の行く先と分け方を生きているあいだに決めることです。これを世間では遺産分けとか生前贈与と言いますが、高齢者のなかには亡くなるまでに「自分のお金は自分できっちりきれいに使い切るのがいい」と言う人は意外と少ないようで、多くの人は生きているあいだは「少しでも多くお金は持っていたい」といいます。

07 悪徳商法・詐欺への対策は狙われる「そのまえに！」「そのとき！」「そのあとで！」

どんなに詐欺対策防止キャンペーンをやってもなぜかあうときにはあってしまうのが「詐欺」です。

そこで狙われる「まえ」「そのとき・さなか」「あと」でみてみましょう。

◉高齢者はなぜ狙われるのか？ それは親切で思いやりがあるところが狙われています。

高齢者といっても、その定義や分け方、線引きする年齢は、ざまざまです。

たとえば、お役所的には**「前期高齢者」「後期高齢者」**というのがあります。

一方で、定年退職をしたら高齢者という当てはめ方をしているようなときもあります。

年金生活を送っている人が高齢者で、70歳超えても働いて収入のある人はそうじゃないとか、高齢者というのは「老後という悠々自適の日々を送っていること」だとか……。

実に、いろいろあります。

高齢者がいまもなお、そしてこれからもおそらく「詐欺・悪徳商法で狙われ続ける」といわれています。その理由は明解で、**高齢者は自宅に滞在している時間が長い**からです。そして身内の事故や失敗と聞けば相手が誰であろうとすぐにでも「なんとかしなくちゃ」と思い込んでくれるところも狙い目です。要は電話でも訪問でも**「狙う相手がそこにいる！」**在宅している確率も高ければ騙しやすさも桁違いということです。こうしてあなたの親を狙う相手は近づいてくるのです。

◉詐欺の電話や危ないセールスはいつ来るかわからないけど来てしまったらどうするか？

詐欺の被害にあわないための対策はいろいろ知られています。

たとえば、家の電話は「家に居るときでも留守電話に」しておきます。留守録された内容はしっかり聞いて、そこに**録音されている電話番号への返信は絶対にしない**と決めておきます。なぜなら留守録されていた電話番号はこれがもし詐欺の「仕込みの電話」であればそこへ電話をしようものなら相手の思う壺だからです。金融機関や市役所や年金事務所から電話で「ああしなさい」「こうなりました」という連絡は通常来ません。あるときは「郵便文書が基本」だということをしっかりと承知しておきましょう（それすら疑ってかかる用心が必要です)。

次に並べるのは、留守録されていた詐欺らしき?伝言例です。

【ケース1】

「**あ、母さん? あ〜よかったつながって。**

俺だけど今会社でちょっとトラブルにまきこまれちゃって、急に今日の夕方までに会社の資金の立て替えをしなくちゃならなくなっちゃって。今、出先で。それからちょっと前にケータイ変えたんで。次の電話番号へ、電話お願いします。

ごめんね。いつもいっつも。母さんがいるからこういうときも……(ちょっと涙声で、切れる)」

【ケース2】

「**おじいちゃん?** (しくしく涙声)。

……きのう、友だちが事故してたいへんなことになっちゃって。いま病院なんだけど、緊急の**手術がどうしても必要になって。**それをするのに病院へとりあえず納めるお金が必要だっていうのね。私もいま貯金ないし。友だちのうちお父さんいなくてお母さんも働いてないから大変で。それでその友だちの弟くんが動けるっていうから、**本当にもう頼れる**

のおじいちゃんしかいないから。電話しちゃったんだけど。今日の午後にね、友だちの弟くんがそっちへ行くから。お願いお金預けてくれないかな。

弟くんヒデトシっていう名前で高校出ていま浪人中なんだけど、おじいちゃんちの住所わかっているから。三時までにお金の準備……おじいちゃんしかいないからお願いします。

……**（自信なさそうな弱い声で）**そうそう金額はね、１００万円が手術保証金で、50万円が高度医療対応とかのお金で。それから30万円が入院保証金なのね。だから全部でとりあえず１８０万円っていうんだけど、**無理だったら、次の番号に電話ちょうだい。**病院の事務局の人から説明してもらうから。

お願いします、本当に……おじいちゃん……」

【ケース１・２】は全部、知り合いの留守電話に残されていた詐欺師からの電話の音声記録です。つまり、本当に起きた「嘘」で「騙す」ための「電話音声」です。

それから、こんなのも、あります。

「通帳とキャッシュカードをもってＡＴＭでお会いしましょう」という電話をもらった知り合いの90歳の父親がいます。

「午後3時過ぎに自動支払機の前でお待ちしております。4時過ぎるときは一度電話ください。それから森田さんのお顔はいつも窓口で拝見してますから、こちらからお声かけしますので。ご安心ください…」

ということで、90歳の父親は茅ヶ崎の街を急いで銀行へタクシーで乗り付けます。午後3時、窓口が閉まる前に飛び込むと、転ぶ前に杖を突き突きして**銀行の窓口**へ。いつも対応してくれる案内係が声をかけてくれます。

「……え？　どういうことですか？　いやいや森田様、**当行は決してそんなお願いの電話はいたしません。**……あ？」

銀行員はすぐに閉店後を狙った振り込め詐欺と感づきました。そしてこのときは運良く？　90歳の森田さんは救われたわけですが、その後、犯人らしき者はＡＴＭ周辺や支店周辺で見つからなかったということでこの一幕は終わります。

◉ 詐欺の被害対策「その前に！」編

詐欺や悪徳商法の手口と一言でいっても、まさに**手を変え品を変え**で、とても覚えられるようなものではありません。ニュースでどんなに知ったところでいざ**自分が直面**すればそんなものは消し飛んでまんまと相手の手口口車に乗せられてしまったときには後の祭り、事遅しとなります。ゆえにあれだけメディアで報道され、ほとんどの人が用心しているはずの振込め詐欺がいまだに**年間百億円をはるかに超えるほどの被害**があるのは恐ろしいばかりです。実際、相手の怪しさは重々承知のうえでも、**こわそうで断れなかった**、あるいは長々と商品説明をしてくれて、**いまさら断るのは気が咎《とが》めるので契約**した、などというケースも多いのです。親切に話し相手になってくれてうれしかったから、いらないものだけど買ってあげた（千円、二千円ならともかく、**何十万円も！　何十万を何回も！**）……。

こうなるともう、被害者と呼ぶのが適切なのかどうか、わからなくなってきます。

だとすれば、詐欺や悪徳商法の手口を知ったところで無意味じゃないの？……ということになりそうですが、**それは違います。**なにも知らないままに相手のペースに巻きこまれるより、「なんだかこれは怪しむべき手口だったような気がするなあ～」くらいに感じることができるだけでも**大きな前進**なのです。

もしかして「それって詐欺じゃないのかな～？」という用心は失礼にはあたりません。電話一本詐欺のもと！　今日中にお金が必要詐欺のもと！　いろいろあるので自分で詐欺の手口のニュースを集めていくと、「それはそれでためになる」というものです。

08 詐欺被害「そのとき！」大作戦！
親を狙ってきた詐欺から逃げ延びるぞ！

◉ 相手は「犯罪する人ぞ！」「失礼上等！」をルール化する

山本さん（78歳）は家の電話がかかってくると大きな声でこういうそうです。

「はいは〜いもしもしぃ〜！　どちらさんですか？　どちらさまぁ〜？どういうことですか？　うう〜うう〜。わたしですよ〜、けんじですよ〜。あなた誰？　え？　え？　誰ですかあなた……どちらぁ〜さまぁ〜ですか？〜」

知り合いや親戚や家族には「電話に出るときはそうやるからよろしくね」と伝えてあるそうで、これやると結構受けるそうです。いくどか詐欺らしき「アポ電」がかかってきたらしいのですが、早々にあっちから切ったといいます。万が一お金で苦労した末にたどり着いた詐欺の受け子が電話役だったとしても、何ら同情することはできません。ただし山本さんのやり方がいいのかどうかわかりませんが、要するに丁重に無視するのがいいのです。ときに相手が「どうやら詐欺師かもしれない」ということで「親」が詐欺未遂の相手を説教し始めた挙げ句どなりあいとなり、後日家のガレージの自動車と門扉にペンキがぶち撒かれていて警察に被害届を出しても犯人はつかまらず、ペンキ被害で１００万円を超えたということもあります。

そこで、このあたりのことを覚えておきましょう。

電話による勧誘だと気付いた時点で、いきなりのガチャ切りでかまわないから電話はこちらから切る！　切ってしまいましょう！

自宅への訪問販売で販売員が家の中に来たらこう言いましょう。

「うちはいいです。なくていいので。ご苦労様でした」

「お帰りください。いま何もする気がしないので。すみませんねえ。お休みなさい」

「いい加減にしないと、あんた捕まるよ！」

ある高齢者夫婦はそういう「ネーム」を大きく書いた団扇を玄関に置いています。

ついでに**「通告しても出ていかない」のは「不退去罪というれっきとした犯罪（刑法１３０条）だからね」**と教えてあげましょう。

そもそも、直接それも突然訪問してきたセールスマンや販売員を家の玄関にも入れるべきではないのです。外は雨だろうが台風だろうが寒波襲来だろうがです。とくに独り暮らしの高齢者の場合、たとえばこんな対応もあります。

◎山本さんの奥さん：絹恵さん79歳「**そういうことは全部やってくれる人がいるから、そのとき来て下さい。**」

×推定30歳代女性詐欺師？「その人というかその方はいついらっしゃいますか？」

◎「**だから言ったでしょう。そういうことは全部やってくれる人がいるから、その人がいるときですよ**」

×「ではその方はちなみにどちら様ですか？　お子さんとかご近所さんとか……」

◎「**だからあなたの知らない人よ**」

×「よろしければご関係だけでも……」

◎「**そんなに知りたい？　ならばいいわ。それはね、もう死んじゃったうちの主人、旦那様。でもあんた来ても会えないかもねえ。ううん、見えないか。声も聞こえないか**」

悪質商法の販売員は、話を打ち切ろうとしても矢継ぎ早に話題を繰り出して切らせないようにするテクニックを磨き上げています。ですから、常識的な感覚で失礼を気にしていたら追い払えません。先方が**延々と時間をかけて粘る**のは、時間をかけただけ**断りにくくなるという心理を利用する売込みの悪質な手口**なのです。

あとは「無視」「退去通告」「電話ガチャ切り」のルールを相手に適用します。

◉あなたが、そして親が「電話をこちらから切る」ための断り言葉

「ごめんなさいね。これから出かけるところなんで。電話、切りますね」

＊さわやかに言うのもいいですね。

「あ、もしもし。え？　よくわからないんで、切りますね。ごめなさい」

「そういえばこの前いつ会ったんだっけ？　何年ぶりになるのかな……」

＊会ったことなどないとわかっているからこそ、こういうセリフも効いてくるのです。

「そういえばあの先生いつ亡くなったんだっけ？」

＊先生は誰でもいいので何となく言ってみるだけのセリフというのも悪いことをしようとする相手を意外とビビらせます。

「そういえば先週も同じ電話かけてきたよね」

＊実際にはそんな電話受けていなくてもこの場合は撃退のためなので「嘘」にはなりません。

09

「お金を振り込んで！」ときたら返事も動きもなにもしないで、明日を迎えましょう

「すぐお金を振り込んで」は１００％詐欺です。
「お金をユーパック（宅急便）で送って」も１００％詐欺です。

◉「振込め詐欺」の手口はどんどん進化して「母さん助けて詐欺」までたどりつきはしましたが……。

高齢者（＝親）を狙った「振込め詐欺」の主な手口は、孫やわが子が不祥事を起こしたとか、トラブルに巻き込まれたとかの「連絡」からはじまります。次にそれを急いで「解決するのにお金が必要」で、誰かに「用立ててくれないものか」という状況を伝え、親に、高齢者に、「なんとかしてあげたい」「なんとかしなくちゃ」と当事者意識を植え込みます。

その結果、「事故」「暴力沙汰」「職場での不正」「一日借りるだけ」など、その人＝親・高齢者だけが頼りだという意識を目ざめさせ、「助けて」「お金を振り込んで」に応えられるのは「いまは自分（親＝高齢者）しかいない！」意識になるともう後戻りなどはできなく

なり、たとえ銀行員や警察官が「その振り込みは詐欺ですよ」と警告と制止にはいろうが大金振り込み一直線で「ハイ完了！」となるケースの、実に多いことか……。

＊「振り込め詐欺」の名称は２００４年に警察庁が命名。面識のない不特定多数に通信手段（電話・はがき・文書）で対面することなく被害者をだまし現金を振り込まさせた特殊詐欺の一種。

この手の詐欺は世に出てきたとき電話口で「オレ、オレ……」と切り出してきたから「**オレオレ詐欺**」と名づけられましたが、電話に出たターゲット（親＝高齢者）に思い当たる子や孫がいて「○○かい？」と呼び返してしまうと、たちまち詐欺師は子や孫である○○に名前つきでなりすまし、その挙げ句には高齢者の大金はこれにて詐欺グループのもとへ！という運びになるわけです。それにしても、電話の声で相手が誰であろうと多くの人が結局騙されてしまったという現実にはもの凄さがあります。さらに巧妙なのは受話器の向こうの「犯人」はバレそうになると大声で「ああもうこれで終わりだ〜」などと泣きわめいたりして親＝高齢者を動転させ冷静な判断力を奪っていくというのも手口になっています。その後、あらかじめ狙った親＝高齢者の名前や身辺状況を調べてから「電話する」など段取りを進化させ、巧みに「資産状況」を聞き出してから「強盗に入る」事件も起きています（その名は「アポ電」）。

「振り込め詐欺」「なりすまし詐欺」「ニセ電話詐欺」などいろいろな呼び名が使われていますが、警視庁主催の命名コンクールでは「母さん助けて詐欺」が優勝しています（2013年）。しかし被害者は母親に限らないし、まさか母さんが子供を助けて詐欺をさせるのか?などと突っ込みが入り、この名称はいまや行方知れずです。

◉覚えておきましょう。「振込め詐欺」の別バージョン。

架空請求詐欺・使ってもいない有料サイトの利用料金などを請求して振り込ませます。

還付金詐欺・税金や医療費などの還付金、年金の未払金などを受け取れると欺いてターゲットをATMへと誘導し、狙われた高齢者は携帯電話で指示を受けATMを操作させ、詐欺師が用意した口座へお金を振り込ませます（被害者は自分宛に入金を受けるための操作をしていると思いこまされているのです）。

平成30年のデータ・いわゆる「オレオレ詐欺」のタイプだけでも認知件数が9145件、被害額は188億9000万円。続いて「架空請求詐欺」が認知件数4844件、被害額138億4000万円（警察庁公報資料より）。この2つがワン・ツートップの位置を占める手口ですが、目を疑うほどの数と額ではないでしょうか。

◉ 犯人が受け取りにくるパターンも……。

「オレオレ詐欺」という名も「振込め詐欺」も詐欺のかたちを区別するうえで廃《すた》れもせず使われていますが、金融機関が預金者の詐欺被害に警戒を強めたことから、水際での振込みにストップをかけたり、振込先の口座を凍結したりしています。

その一方で**お金を振り込ませるのではなく、宅配便やレターパックで現金を送らせたり、あるいは犯人の方からターゲットの家まで受け取りに行ったりする類型も出てきました。**さらにバイク便を使うとか、仕立てたシチュエーションごとに上司や弁護士や警察官などに成りすました受取り役――いわゆる「**受け子**」が訪れるとかします。

詐欺のパターンはどんどん変化と進化をしていきます。ちなみに従来型の詐欺とは、狙った相手に直に近づいて信頼関係を築き、そのうえで騙しをかけて金品をせしめるものでした。しかし「振り込め詐欺」は**顔も知らない不特定多数の人間にいきなり電話やメールで次々とワナを仕掛けていく形態**をとります。そういった手口を使う詐欺を総じて「**特殊詐欺**」と呼んでいます。

10 親・高齢者が家に1人だけのとき詐欺がやってきたら親・高齢者はどうすればいいのですか？

相手は高齢者の心配と動揺につけ込んできます。
「お金を準備してくれ」「いますぐ取りに行くから」
「銀行へ行ってから電話を」——なんといわれようと、
基本は「自分はわからないから」でさっさと逃げて下さい。

◉ **親が家で1人のとき、電話に出て、次の言葉が聞こえてきたら電話は切ってもらうようにしましょう。それは、失礼にはなりません。**

□ 相手が「**次の番号へ、電話するように**」といってきたら。

□ 「**すぐに（お金）振り込んで**」といってきたら。

もしそのとき、切った電話が本物の近親者（親子）であったらそれはそれでわが子よゆるせ！ ということです。親子の間でも「電話でお金の無心は受けない」ときめておくのがいいでしょう。

しかし親子や家族だからこそ、お金の心配はさせたくない、出せるものは出したいと思うのは人情です。そこで親子間や家族間で「電話でのやりとりするときの合言葉を決めておく」という方法があります。それは詐欺電話対策の1つとよく聞きますが、こんな話があります。

電話での『合言葉』を親子家族で決めました。親の家では電話の前にメモしてあります。ところが親は、外出先で詐欺師に声をかけられ、たくみに世間話に引き込まれたあげく、なんとその『合言葉』を詐欺師に話してしまったというのです。

「80歳代の母親」はその後詐欺被害にあってしまうのですが、詐欺とはそれほど念入りで巧妙なものだということです。実際、ある詐欺集団は表では探偵事務所を経営したりするいわゆる半グレで海外にまで組織展開しているというのは作り話ではありません。

＊「半グレ」は暴力団に所属せずに犯罪を繰り返す集団を指すとされますが、語源は「グレる」「愚連隊」のグレと黒と白の中間にあたる灰色のグレーゾーンのグレの意味もあるとされます。

そういう組織的な力が詐欺をはたらいているのです。どこどこで暮らす家族の名前や世帯構成、個人情報、学歴、勤務先など筒抜けになっていることは決してめずらしくもないわけです。合言葉があるのはいいことですが、だからといってそれがあれば安心というわけにもいかないのがどうにもならない現状でもあるのです。

◉「示談金」「立替金」「保証金」「仮払い」「契約金」になるお金を「すぐ振り込んで」「裁判になるかも」「起訴されるかも」ときたら100％詐欺です。

そもそもの話、成人していようがいまいが子供や孫が本当になにか不祥事や事故に巻きこまれたとしても「その日のうちに大金を」用意できなければ「身の破滅」、さらに「支払金が増えてしまう」などということはありません。

たとえばあるとき、弁護士と称する者が深刻そうな声で電話してきたとしましょう。

「交通事故を起こしてしまい、被害者が重症を負いました。今日中に＊＊百万円こちらへお預けいただければ『示談』にしてくれると言っています。間に合わなければ『起訴』され、厳しい裁判になって、息子さんは刑務所に行くことにもなりかねません……」

本当に交通事故を起こしてしまったとき、被害者と示談ができていれば情状酌量の可能性が高まることは事実です。しかし、事故当日まだ被害者の負った怪我の程度や回復の見通し、生じた経済的損失などがはっきりしないうちに示談などできるわけがありません。

示談とは、事故後ある程度の日数がたち、被害者の状況が落ち着いて損害の程度もおおむね定まった時点で、改めて加害者と被害者とが交渉の場をもつもので、事故当日に「〇百万円で示談」などと被害者（の代理人）が要求するのはありえないことなのです。というか、これは、そういう被害者の要求が無茶という以前に、そういう要求をする被害者が本当にいると思うことが無茶なのです。

落ち着いた状態で考えればわかりきったことなのですが、いきなり電話で子や孫や姪っ子甥っ子が刑務所行きになる……といわれたら誰でもパニックになり冷静な判断ができなくて当然。詐欺をはたらく悪いやつらはとことんそういったターゲットの弱みに付けこんでくるのです。そういうことですから、電話で「すぐにお金を振りこんで」という泣き言を聞いたら、その瞬間「１００％詐欺だ！」と決めつけてもかまわないわけです。そしてそのまま受話器を置けばいいのです。不安がぬぐえなければ、１１０番しましょう。「いま怖い思いをした」ことを伝えます。警察は力になってくれます。

◉二重トリックで大金を振り込んでしまった長岡さん73歳の実際にあった詐欺被害。

その日の午後、長岡さん73歳が電話を切ってやれやれと思っていると、警察官（と称する「成りすまし」）が訪ねてきました。いまかかってきた電話がどうにも怪しくて、もしかしたら詐欺みたいな感じがしましてね……と長岡さんは警察官にいいました。するとおまわりさんは「そういうことであれば、いまこの辺りの地域で詐欺被害が出ているので、犯人グループ逮捕のためにもぜひご協力いただけないでしょうか。お願いします」と切り出してきました。「一度狙われるとその連絡先情報は別のグループにも流れることがあります。そこからも狙われる可能性も高いのが詐欺事件のパターンでもありますからね」

警察官（成りすましニセ警察官）はさらにこう続けます。

「明日あさってあたり、またかかってくるかもしれません。それが逮捕のチャンスとなりますから、とりあえず相手の要求する現金を用意しておいてください。犯人が受け取ったところで、我々が取り押さえます。現行犯逮捕するしかないのが詐欺事件の場合でして、お金は警察が返金を保証しますから、ご安心ください。ただお手数ですが、お金は実際にご用意いただかないと犯人逮捕は困難になりますので、よろしく準備の程をお願い致します。それからパトロール中でもすぐにこちらへ駆けつけられるようにします。ケータイ電話お持ちですか。ならばお手数ですが、この番号へいまここでお電話いただけますか？……ああ着きました。警察の小林と入れておいて下さい。これで緊急の時はご連絡をください。」

長岡さんはたったいま詐欺師からの電話に対応したばかりでしたので、また狙われるなどと言われて恐ろしいのと犯人逮捕のために役立ちたいという思いでその日は終わります。

そして3日後、電話が来ます。

◉ 今度は年金事務所の職員を名乗っています。長岡さんが準備した金額は350万円！

「今回の年金調査で未払い期間がみつかりましたのと、それとは別に未支給の年金も見つかりました。つきましては、お支払いする未支給分と同額の保証金のご準備が出来次第、こちらからうかがいますので、次の金額を現金でご準備いただければ。未支給はこちらのミスでしたので、利子分も含めまして12年分のお振り込みになります。今回は金額も大きいので、**ご準備いただく保証金としての現金も高額にはなりますが、それは即日お返しいたします。**よろしいでしょうか。今回ご準備いただく保証金額は……」

普通なら「え？ そんなに〜」と思うはずですが、未支給の年金と同等の保証金といった金額を聞かされているうちに金額の数字が次第に必要なものに思えてきたと長岡さんは後日語っています。年金事務所の職員の白井と名乗る男との電話が終わると、警察の小林さんへ連絡を入れます。このとき緊張したと言います。

「わかりました。**こちらはすでに待機しています。行動にうつってください**」

長岡さんは銀行の窓口で現金を用意します。自宅へ戻り、年金手帳と未払い金受け取り申込書へ必要だという印鑑を準備したりしていきます。

「あのときは意外と冷静というか、とにかくこれでいいと思ってましたね」

玄関のベルが鳴ったのは午後3時まえでした。

◉警察が一般人をオトリに使って、しかも多額のお金を用意までさせて、犯人検挙にあたるなどということは絶対にありません。

これもまた、落ち着いて考えればわかるはずのことなのですが、事態に直面した人にはそれができません。といって、被害者を責めるのは筋違いもいいところです。高齢者に限らずとも、多くの人が意表を突く巧妙な詐欺師の手口に乗せられてしまうのです。

事前にこんな手口もあると知っていれば、被害を避けられる可能性も高まりますが、本当の警察に確認を入れることをしないように仕向けた仕掛けがこの長岡さんのケースではポイントであったはずです。都合350万円。長岡さんの被害額です。

警察の小林警官へ電話してももう出ることはありませんでした。電話で対応した石井という警察官は「それは詐欺ですね～」と言ってため息をつきました。

詐欺の仕込みはまだまだ進化を遂げます。

11 親がもし買い物で騙されてしまったら そのあとどんな対策がとれますか?

契約の取消、無効の主張は「民法」や「消費者契約法」にもとづいてします。悪質な訪問販売に対してはクーリング・オフなどさまざまな方法で闘います。

◉ 親の買い物が結局のところ無駄遣いだったりした場合それを取り消せる法律上の「取消権」を覚えておきましょう。

親の自宅へセールスマンが来ました。暇に任せて話を聞いているうちに「買わされてしまった」ということはよくあります。**「親が無駄な買い物をしてしまった場合」**家族や子供としては返品したり契約を解除したりしたいと思ってもなかなかそうは行かないことの方が多いわけですが、「親のお金を守る」ために何をすればいいのかというとき、法律を持ち出して照らし合わせてみると、それは「法律によって」「あとからでも」「その契約」を「なかったことにして渡したお金を返せと要求する」ことのできる場合があります。といっても、こちらが要求すればおとなしく返金してくれるとは限りません。そんなとき出てくるのが民法にある「取消権」というものです。そして、この民法の「取消権」のまえに、さらに広く買主を救ってくれる手続きとして覚えておきたいのが、次に紹介する「消費者契約法」です。

◉「グレーな悪質行為」となにか？ それを取り決めているのが「消費者契約法」です。

詐欺・脅迫により交わした契約を取り消せる法律には民法の「取消権」、そして詐欺や強迫とまではいえない程度のグレーな悪質行為も対象に含め、民法よりは被害者が救済を受けやすくしてあるものとして「消費者契約法」があります。

では、「グレーな悪質行為」とはなにか？ それを具体的に挙げればこうなります。

① 勧誘業者が契約の対象となる商品・サービスの内容や価格などについて事実と違うことをいう「不実の告知」
② 必ず儲かる・値上がりすると言い切る「断定的判断の提供」
③ 商品等のマイナス点を知っているのに正直に説明しない「不利益事実の不告知」
④ 帰れと言っても帰らず契約させる「不退去」（お客の自宅でこれをやれば不退去罪という犯罪に

もなりますが、消費者契約法の「不退去」は職場など自宅以外の場所でも成り立ちます）

⑤ ④「不退去」とは逆に客側が勧誘を受けている場所から帰りたいといっても帰らせないで契約させる「退去妨害」（程度がひどければ監禁罪という犯罪です…刑法２２０条）。

これらについては「物品を購入したりサービスを申し込んだりした側＝たとえばここでは親」が「悪質行為」の存在を証明しなければならない点は民法と同じです。詐欺・強迫を認めさせるよりはハードルが低いとはいえ、どのみち第三者の証言や録音、メールでやりとりした履歴などがない場合は、言った・言わない、やった・やらないの水掛け論議になってしまいます。ただそれはそうだとしてもこのような消費者保護のための法律があるとないとでは大きな違いです。

◉親の買い物や契約で見直し解除ができない場合アクセスしてゆく相談先は？

親の買い物や納得のいかない支払いを見直したり解除するためのサポート先として「**消費者ホットライン（電話番号１８８）**」が市区町村にあります。身近な相談機関であり、親切にアドバイスをしてくれます。

詐欺被害・悪徳商法と判断される取引でも、相手方の売主は「契約」をタテに返品や返金を受け付けないとするのが通常のこと。そこで私たちもその「契約」に注目して、その「契約」を取り消す、あるいはその無効を主張することがこうした場合のめざすところとなります。なお、相手をもし裁判所に訴えるなら、原則として被害を受けた親自身でなければなりません。訴えは、子など親族といえども勝手にはできないということです。ただし子が親から委任を受ければ代理人として行動することはできます（それには代理権を証明できる委任状を書いてもらいます）。さらに弁護士などに依頼処理を任せていくということなら弁護士会の相談窓口にアクセスします。

◉「過量販売」「次々販売」は1年間の無条件解約権が使えます。

クーリング・オフはご存知のように一定期間内であれば返品ができるという権利で、主に「訪問販売契約」についているものですが、親が自宅で「訪問販売」を受けた場合、これには電話による「勧誘販売」も含まれます。また、次のこともポイントとなります。

「日常生活において通常必要とされる分量を著しく超える」商品やサービスを購入する契約を結んだ場合――買主（消費者）は、契約を結んだときから1年以内であれば、この契約を無条件でなかったことにすること（申込みの撤回、契約の解除）ができます。

＊特定商取引法による買主保護の規定で、とりわけ悪質業者から狙われやすい高齢者の保護を意識して定められたもの。

たとえば、1人暮らしの高齢者が高級布団を5セットも10セットも売りつけられたりした場合、それは明らかに「日常生活に通常必要とされる分量を著しく超える」ことになります。このような手口は同じ業者の仕込みの場合は「過量販売」といいます。別の業者が入れ代わり立ち代わりやる場合は「次々販売」と呼ばれます。「次々販売」の場合は、次の業者が前の業者の存在と契約行為を知っていることが条件となります。

契約の取り消しで業者とすんなりいかない場合は、迷うことなく消費生活センターや弁護士へ連絡します。専門家の知恵を借りて慎重に、そして着実に、解決へ向けて、前へ進みます。

12 クーリング・オフはどんなときに使えるのですか？

◉ 電話勧誘・路上キャッチも「訪問販売」になります。

訪問販売は「お客となる人」の「自宅に販売員がやってくる」タイプに限られません。自宅ではなく職場にきて勧誘する場合も含みます。歩いている人に声をかけ、近くの喫茶店とかビルの一室とかに連れこんで契約させる**キャッチセールス**も広い意味で訪問販売のうちに入ります。電話やメールやＤＭなどで、なにやらおいしそうな話（価格が激安とか、すごい特典つきとか、選ばれたあなたに特別にレアものの購入権を贈呈とか）をぶらさげ、契約場所に呼び出す**アポイントメントセールス**も同じです。電話によるセールストークのみで即断成約させる場合も訪問販売にあたります。

まとめていえば、お客が自発的になにか買いたいと望んで販売業者の店を訪れたり、申込書を送ったり、あるいはお客の側が業者の販売員を呼んだりしたのではなければ、訪問販売です。この「訪問販売」に対して、消費者を被害から守る特定商取引法という法律では、クーリング・オフという特別の解約権を定めています。

（この法律、元は「訪問販売法」という名前でしたが、右でみたように電話勧誘商法や路上でのキャッチセールスなど、「訪問していない」かたちの悪質商法も相手にするため、「訪問販売」から「特定商取引」へと改名したいきさつがあります）。

◉ 通信販売は「クーリング・オフはできません」

これに対し、送られてきたカタログやＤＭ、ネットの通販サイトを見て購入した場合はどうなのでしょうか？　自分から申込みをして商品を買う**通信販売**は、セールストークなどで強引に買わされたというわけではないので、訪問販売法による保護を受けられません。クーリング・オフもできません。ただし業者側がクーリング・オフを受け入れる場合もあります。解約や返品は直接問い合わせ、約款をよく調べてみることです。

◉ 自動車は「クーリング・オフはできません」不動産は場合によって「クーリング・オフはできます」

自動車は訪問販売で買った場合でもクーリング・オフできないことになっています。化粧品や布団などとは違って「高額であるだけに契約は慎重に考えてするはずだ」という、引っくり返したような論理で「対象外」とされているのです。免許をもった高齢の親のいる人は気にしておくべきポイントです。

高い買物といえば不動産です。業者に売込みをかけられる不動産購入経験ゼロの不動産初心者買主を保護するために、宅地建物取引業法ではクーリング・オフできる場合のあることを定めています。

◉不動産の販売業者が自己所有の物件を売るときは条件付でクーリング・オフ8日間。

不動産の販売業者が「自己所有の物件」を売るとき、営業マンが家へやってきたり、喫茶店で売込みをかけられたりしたのであれば、購入契約を結んだあとでも契約書（クーリング・オフできる旨の文言入り）を交付されてから8日間は無条件で解約することができます（**業者が別の所有者の物件を仲介して売りつけた場合にはクーリング・オフできないので注意**）。

家のリフォーム契約も、訪問営業によって契約した場合にはクーリング・オフが可能です。（**こちらは本家である特定商取引法の受持ち**）。

◉マルチ商法にもクーリング・オフは適用されます。

ある商品を販売するためのネットワーク組織にあなたの親がその商品を大量に買い入れたうえで「入会した」とします。会員となったあなたの親は買い取ったその商品を売って歩き、売上げに応じてマージンを受け取ることができます。

新たな会員を勧誘して引き入れると、その新会員の売上げからも勧誘者はマージンを受け取れます（売上げからというより、入会時の商品買取り代金からがほとんどなのが実態でしょう）。さらにその新会員が勧誘した新新会員の売上げからもマージンを受け取れます。そのようにしてピラミッドの頂点に近づいていけば、下に率いる会員たちから上納されてくるマージンは「月々莫大な額になります……」という触込みで新会員を募集していくシステムがマルチ商法です。会員獲得に汗をかかなくても会員たちが新会員獲得に奔走してくれるしくみです。

業者は新会員が現れるたびに大量の商品を買い取ってもらえますので、その商品が売れようと売れまいと丸儲けになります。まあ、そんなに売れるものではなく、主宰業者と、ごくごく一部の成功会員（業者の広告塔であって本当に成功しているのかも怪しい）を除けば、ほとんどの会員が売れ残りを抱え、大損をして終わりです。

この商法の元のかたちは「ねずみ講」（無限連鎖講）と呼ばれるもの。マルチ商法との違いは、販売する商品がマルチ商法には一応存在するというだけ（マルチ商法の本名は「連鎖販売取引」）。どんどん子ねずみ、孫ねずみ……と増やしていけば、ねずみの数が日本の人口を超えるのにはさほどの日数はかからない計算になります。そして結局、組織は破綻していずれ主宰業者は自分の儲けを抱えて姿をくらまします。

このマルチ商法についても、勧誘されて商品を買い入れてしまった人はクーリング・オフすることができます。行使期間は20日間と設定されています。

◉クーリング・オフはお客の側に一切の負担のない、無条件の解約制度です。相手方業者が違約金などを請求してきても無視してかまいません。

クーリング・オフはしかしながら行使できる契約に限りがあり、行使できる期間も短く限られる点がネックとされています。それを補てんするように消費者契約法という法律があり、民法も駆使すれば立ち向かう手立てはなにかしら見い出せます。繰り返しになりますが、自分独りで悩まず、専門家の力も借りてください。大切な親の財産と心を守ることができたときはなぜか気持ちいいものです。

13 親が通販商品を開封し使ってしまったらもう解約はできないのですか？

相手が悪質な業者ならクーリング・オフも通常の取消権も行使できます。
使用済みの商品でもそのまま返品すればいいことになっています。

◉消耗品は使ってしまうとクーリング・オフできなくなるといいますが……。

購入したものが特定の消耗品（健康食品、化粧品、洗剤や浴用剤、履物、コンドームなどの「指定消耗品」）である場合には、それらのものを使用したあとでは、そもそもクーリング・オフができないことになっています（特定商取引法26条4項1号、同法施行令6条の4）。これでは業者に有利なようですが、お客が商品を複数まとめて買った場合、未使用の部分があれば（たとえば化粧クリームを5個買って1個はフタを開けて使ったけれど残りは未開封）、その未使用四個分はクーリング・オフが可能で、返金を受けられます。買ったもの全部がクーリング・オフできなくなるわけではありません。また訪問販売員がお客を誘導して商品を使わせたときは（クーリング・オフ逃れをもくろむ手口）、それで商品が使用済みになってもクーリング・オフする権利はなくなりません。権利が消えるのは、あくまでお客が自分からすすんで使ったときだけです。

さらに、そもそも「この契約はクーリング・オフできます」ということを記した書面をお客に渡していないかぎり、いつまでたってもクーリング・オフの行使期間は終わらないということがありましたが、その文書に「商品を使用した場合にはクーリング・オフできません」ということが書いてなければ、お客はその商品（消耗品）を使ったとしてもなお、クーリング・オフをすることができます。

このように、消耗品を使ってしまったら「クーリング・オフできなくなる」という規定には例外が設けられています。

◉使用済みでも、そのまま返せば、OK。

「指定消耗品」以外の商品であれば、使用済みにしたからといってクーリング・オフする権利はなくなりません。たとえば、お客が訪問販売業者の置いていった布団に寝たからといって、規定の日数（クーリング・オフできる旨の文言の入った契約書面を業者から受け取ってから8日）以内であれば、クーリング・オフできます。すでに支払った代金があれば取り戻すことができます。

これは、お客が受け取った商品を使用して値打ちが落ちた場合でも、返還時点で残っている値打ち分だけのモノ（つまり中古品となった布団そのもの）を返せばいいとされているからです。洗って返す必要も、クリーニング代をつけて返す必要もなく、クーリング・オフの期間内であれば、寝たあとの布団をそのまま返せばいいだけなのです。

◉業者は「使用利益」も請求不可。

特定商取引法では、クーリング・オフの効力を守るために次のような規定を置いています。すなわち、お客が業者から受け取った商品を使用し、または業者からサービスを受けることで利益を得たとしても、お客がクーリング・オフによって解約してきたときに、業者はそのお客が得た利益相当分のお金を支払えと請求することはできない（特定商取引法9条5項）のです。

どういうことかというと、たとえばAさんがキャッチセールスにつかまって、なにやら高級な具材と深淵なテクニックで行なうという10回分50万円の超高級マッサージの権利を買わされたとします。キャッチセールスも訪問販売の一種なので、クーリング・オフすることができますが、そうする前にもう、1回分のマッサージをすませてしまっていたらどうなるのか。悪質業者はクーリング・オフ逃れをもくろみ、契約時に初回のサービスをすませてしまうのが通例です。

業者の思惑はどうあろうと、部分的にサービスをすませていたところで、なおクーリング・オフはすることができます。そして、それだけでなく、支払い済みの50万円は、すでに1回（5万円分）Aさんに対してサービス（マッサージの施術）をしているからといって、その分の価格を差し引いて45万円だけ返せばいいのではなく、受け取った50万円を満額返さなければならない、ということです。

そのほか、訪問販売で買った布団に寝てしまったという例でも、お客はその布団を使用した利益を得ているわけで、貸し布団代の相場などから金銭評価もできるはずですが（クーリング・オフ前の短期間で微々たるものとはいえ）、それもまた業者はお客に請求することができないことになります。

これはつまり、業者から渡されたモノである商品をあるがままに返品すればいいということのほかに、お客がその商品を使用して得た利益（使用利益）、あるいは業者から受けたサービスにより得られた利益もまた、お金に換算して返すことは不要だと、はっきり決めてあるということです。反対に業者は、あくまで受け取った満額の代金をお客に返さなければならないということです。

そのようにしてクーリング・オフという制度が現実的にちゃんと善良で疑うことを知らないみなさんのような顧客を守れるように取りはかられているのです。

◉一般の取消でも「原状回復義務」は生じますが、消費者契約法では……？

こういったことは、実はクーリング・オフに限らず一般的なケースでの契約を取り消したり、無効を主張したりする場合にも生じます。

自宅訪問や電話勧誘など一定の販売形態ではなく、あるいはその手の販売形態であっても、クーリング・オフ期間を過ぎてしまったなら、クーリング・オフによって契約をなかったことにはできません。しかし、販売業者が悪質で、商品の内容を偽って「買わせたり」、一室に引き入れ閉じこめたりして「契約を迫ったり」したのなら、消費者契約法の規定によってお客はその契約を取り消すことができます。ただ、その場合にも、クーリング・オフによって契約を解消した場合と同じく、業者から返金を受けるのと引き換えに、受け取っていた商品を業者に返品しなければならないという義務はあるのです。

◉ クリーニングは不要です「そのまま返します」

このようなとき消費者契約法には、「（商品の）給付を受けた当時その意思表示が取り消すことができるものであることを知らなかったときは、当該消費者契約によって現に利益を受けている限度において、返還の義務を負う」と定められています。

たとえば栄養補給用のサプリを5箱買わされ、1箱だけ飲んでしまっていたら、残っている（＝「現に利益を受けている」）4箱だけ返せばよし。布団を買わされてもう使ってしまっていたら、そのままその布団を返せばよしなのです。このとき、クリーニングは不要で、中古品になって値の下がった差額分の補てんも不要です。買主は値の下がったあとの布団の現在価格分だけ「現に利益を受けている」ので、それをそのまま返します。

クーリング・オフの場合とまったく同様で、業者から返してもらえる代金額は払ったままの満額です。

3章

「親のお金」どこが心配？

14 親がもしあれになったり、そうかもしれないとき、そのとき親と子はどんなことに向き合っていけばいいのでしょうか？

◉高齢化するなかで本人やその家族には心配事がいくつも出てきます。高齢にともなう「親本人の認知機能の衰え」などはそのひとつです。

一般に老化が進むと物忘れがひどくなったり、それまで普通にできていたことがいつのまにか怪《あや》しくなっていったりします。そういうとき、本人は気付かなくてもまわりが気付くことで、ある制約がかかったり、かけなくてはならないということが出てきます。

高齢者による自動車運転はそうした問題のひとつかもしれませんが、自動車運転免許証の場合は「自主返納」という制度によって高齢者ドライバー自身、事故を起こす危険を避ける手続きが知られています。こうした制度によって交通事故を事前に防ぐための方策があることは善いことなのですが、だからといって高齢者本人やその家族などの声や思いによって高齢者の自動車運転免許は返納されるというわけでもなく、そこには自動車を所有して運転する生活環境やライフラインとしての事情もあるわけで、高齢者だから自動車運転は止めるべきであるという**強制はなかなかできない事情**も出てきます。

しかし誰でも共通することは、はっきりしています。自動車事故など誰も起こしたくはないけれど、それでも**事故は起きるときは起きてしまう**ということです。事故というものが残酷で非道なのは、それまで仮に50年以上無事故無違反でやってきたとしても高齢になって大きな事故をもし起こしてしまおうものなら、それまでの無事故無違反は何ら役に立つこともなく、すべては本人のミスとその周辺にいた家族の認識の甘さとして批判され、本人たちもまた辛い思いを背負わされるというわけです。

そうしたことをふまえて親のお金の心配事をこれからおさらいしていきます。

□ なぜ金融機関は「**預金者の認知症を知り得る**」のか？

□ 銀行口座が「**凍結される**」ときはいつなのか？

□ 親が亡くなったあと「**銀行預金が引き落とせない**」のはどういうときでどういうことなのか？

□ 親のお金を守る手続きで、「**後見人を立てる**」とはどういうことなのか？

□ **家族信託**という「家族で親のお金を守れる制度」って本当はどうなの？

15 親があれかもしれないとき、その親の預金口座にはどんなことが起こるのでしょうか？

親の銀行口座から「お金を引き出す」ことができなくなることがあります。それはどんなときなのでしょうか？

銀行が親の認知症を知り得るとはどういうことなのでしょうか？

親は了解しているのに子が親のお金に触れられなくなるってどういうことで、どういうときなのでしょうか？

◉銀行（金融機関）はなぜ預金者の認知症を知り得るのか？第一番目に神経をつかうのは詐欺対策……。

ある日、ひとりの高齢者がある街のある銀行（金融機関）を訪れました。入店すると杖を突きつつ記入デスクへ向かいました。

案内係の行員は、なにかあったらおたずねください、と近づいて声を掛けますが、どうやら順調そうです。しかし5分、10分、20分と時間が経ちます。

案内係の行員は機会をうかがって様子を見に行きますが、高齢のお客様は品の良い笑顔で、案内係の行員の親切を逆にねぎらうほどです。ここで尊重されるのは、お客様の意思です。そうこうしているうちに**高齢者預金者は、ある申し込み書をようやく書き上げました。**ところが案内係の行員が椅子に座り込んでいるお客様を遠目に見ていたところ、まだ案内番号のカードも引いていません。案内係の行員が声を掛けます。

「番号札、お取りになりましたか？　よろしければご案内させていただきますが……」

ならばということで、高齢者の預金者は窓口の順番待ちとなります。

そしていよいよ順番が来ました。高齢者なので椅子のある窓口へのご案内をしましょうと伝えても、足腰は大丈夫だからと、本人了解のもと立ったままでの書類受付がはじまりました。**窓口の行員はこのとき、「ああ、これは……もしかして」とある予感を抱きます**が、とりあえず窓口受け付けは終えました。

「では、あらためて番号をお呼びしますので、あちらの席でお待ちくださいませ」

定期預金の解約申入れにより、全額普通預金へ移すということでした。しかしその額が大きいのです。銀行（金融機関）は、預金口座の不正な出金や入金を監視する業務責任があります。なぜならお金の出し入れは明確な預金者本人の意志があってこそ行われるべきものだからです。お金の流れには、闇があってはいけないのです。それは反社会的な行為に巻き込まれて個人の財産が削り取られたり失われることから守る法律があるからです。

◉ **銀行（金融機関）は親切に丁寧に対応してくれますが、だからといって預金者の行動や様子をみる目はクール。**

さて、場面は動きます。さきほどの定期預金の解約を求める預金者の番号が呼ばれました。しかしお客様は番号札を握りしめたままです。案内係の行員が動きます。

「お客様、お持ちの番号はいかがですか？」

案内係の機転とサポートにより、今度は椅子席へのご案内となりました。テーブルでのやりとりがはじまりました。

「本日は、定期預金を全額普通預金へということで承りましたが……」

「ちょっと、必要なったというか……いざというときのために準備しておかないと思ってね。家のこともあるし。それからお葬式なんて縁起でもないんだけど、そういうこともないわけじゃないし。いろいろ相談に乗ってくれる人もあるから、安心させてあげないとね」

「ちなみに本日お持ちいただいたのは、女性名義のお通帳ですが、おそらく奥様名義の口座ではないかと」

「妻ですか？　そりゃ昨年になくなっちゃたからね」

ここで案内係の顔が少し頑張ります。

「では亡くなった奥様のご主人様ということでよろしいのでしょうか」

「そうですよ、53年連れ添ってきたわけですから」

「それは半世紀以上ですね。すごく長いことご一緒だったのですね」

「でね、お金、要るっていうから、何とかしてやろうと思ってね。女房が長いことこつこつ貯めてきたわけだしね。いろいろ世話してくれる人もいるから。そういう人にもね。感謝しなくちゃいけないしね……」

金融機関には、顧客対応で、預金者の預金の安全を守る責任と義務が課されています。ここでのケース、亡くなった妻の定期預金を普通口座へ移すことで「カードと暗証番号があればお金の引き出しはできる」ということにもなるわけですが、**通常の金融機関窓口での原則は取引できるのは口座名義人「本人に限る」です。**それゆえ、亡くなった妻の預金は夫といえども自由に動かしたりできません。

そもそも、口座名義人である奥さんが去年なくなったというのですから、それを銀行が知った瞬間、その口座は凍結されます。この高齢のお客様は、奥さんがなくなったあと、預金の相続手続きをしないまま放っておいたようですが、口座名義人の死が銀行に知られたあとは、相続人全員で相続手続きをおえない限り、この人の奥さんの預金には誰も手をつけることができないのです。

仮にこれが奥さんの預金ではなく、この高齢者本人の預金だったとして、窓口でもたついていたことは預金の解約に影響するでしょうか。

ひどくもたついたとはいえ申込み依頼書への記入も自分できたのですから、銀行の対応は顧客の意向が優先されなければならないというのが一般常識の範囲です。しかし、すぐに実行せず、預金者の近親者に連絡をとって事情を確認するとか（その預金払戻しや振込みにはちゃんとした理由があるのか、騙されたりしているのではないか……）、特に詐欺などの反社会的行為への巻き込まれなどが疑われる場合は、警察の説得なども含めて行なわれることもあります。

◉認知症が本当に深刻で自分の名前すら思い出せなくなったとしても本人の銀行口座が「凍結」されないことは普通にあるのです。

預金者（口座の名義人）が亡くなったのであれば、死亡を知った銀行はその口座を「凍結」します。そして相続人による相続手続きが完了するまで誰も預金に手をつけられなくなります（原則）。これはまさに預金の「凍結」です。預金の払戻しはもちろん、その口座への外からの振込み（たとえば年金の支給）も、引落し（たとえば公共料金の支払い）も、その口座に関するいっさいの動きが停止（凍結）されるからです。

他方、預金者の認知症を銀行が知ったときにはどうなるのか。

預金者が重い認知症になってしまったとします。そのことが何らかの理由で銀行（金融機関）に知られたとき、その預金者の口座を凍結され、預金の払戻しや振込みに銀行が応じなくなる（「凍結」される）ということを聞いたことがあるかも知れませんが、しかし認知症と金融機関の関係で「凍結」というのは不正確です。たとえそれが自分の名も子の顔もわからないほど重いものであったとしても、銀行がその預金者の口座を「凍結」することはないからです。その口座への年金の支給も続けられます。公共料金の引落しも止まることはなし、なのです。

預金者が銀行を訪れて来店目的を行員に伝えられない場合、預金口座からのお金の引出しや振込みが事実上できないだけのことで、これは凍結ではありません。そのことを指して、「銀行口座が凍結される」という言い方をされたりもするわけですが、銀行の窓口で認知症が進行した親の預金を引き出す手続きでは、本人同伴で金融機関側が求める書類を揃えられれば手続きを進めてもらえる場合もあります。また銀行がその預金者の重度の認知症を知ってしまったあとであっても、キャッシュカードを使ってＡＴＭの操作くらいはこなせるのなら、その利用限度額内でお金を引き出すことは可能です。

＊　通常の個人用カードでは1日あたり預金の引出し＝50万円、振込み・振替え＝100万円が上限とされています。ちなみに振込みと振替えの違いは、振込み＝口座のある銀行から別の銀行または同じ銀行でも別支店へ送金すること、振替え＝同じ銀行・同じ支店内の別口座へ送金すること。

＊＊　1つの例外もなく認知症による預金の「凍結」がなされないとまでは断言できませんが、少なくとも筆者が確認した大手3行からは、預金者が重度の認知症であっても口座の凍結処理をすることはないとの回答を得ています。

16 親の判断力がいよいよ怪しくなったとき 親のお金を守るため「成年後見制度」で代理人を立てると そのとき子の立場はどうなりますか？

認知症などによって親がもはや通常の判断力を喪失してしまっていると その後の「親のお金の守り方」は限られてきます……。

◉「本人確認」というのが世間ではしばしば行われます。「ご本人様と確認できるもの、ありますでしょうか？」

スマートフォンを契約するのにも本人確認は求められます。本当にその契約申込者が自分で名乗っているとおりの人物なのか、本当にその名前をもつ人が契約することを欲しているのかを確かめる必要があるからです。

しかし、高齢者で認知症がすすんでいたりすると、間違いなくその人本人であるのに、本人確認、契約の意思確認ができません。そうなると、その人は自分の預金なのに銀行からお金をおろせなくなったり、必要なことにそのお金を使えなくなったりしてしまいます。

ところで銀行の自動支払機（ATM）には1日当たりの利用限度額（引出し50万円、振込み100万円）があります。高齢者の場合、この利用限度額を超えるお金が必要となるときがあるとすれば、高額の寄付をするとか生前贈与をするとか、あるいは投資や相続対策のために不動産購入をするなどですが、なんといってもこの先の生活をする場としての高齢者向け施設入所契約をするときの入所一時金が普通によくある例です。

高齢者向けの介護や医療が完備された施設への入居には様々な金額と支払い方法があるのですが、ホームへの入居金として数百万円、数千万円レベルの額が必要になることはよくあります。このような場合には、ATMの操作ではとても間に合わず、口座の名義人本人が銀行に行って手続きをする必要が出てきます。

ゆえに自分の口座からの振込み処理を銀行の窓口でするとして、本人が重度の認知症を患っている場合は、本人が窓口を訪れたところで手続きはすすみません。そうなると、本人に代わる人を代理に立てるほかはないのですが、金融機関の了解をとりつけるために採られる制度が「成年後見制度」です。

◉成年後見の利用には「プラスの側面」もあれば「マイナスの側面」もあります。

成年後見人制度は、家庭裁判所へ申立てする手続きからはじまるものですが、後見の開始決定を得るためには「後見される人」（被後見人＝親）の面接チェック、「親族への聴取」など審判手続きをすすめてもらわねばなりません。最終的に後見人が選任されるまでには最短でも一か月（当人の病状が一見してわかるほど深刻で医師の診断を省略でき、財産・親族関係も簡単明瞭な場合）、普通なら数か月はかかります。

◉成年後見人には誰がなるのか？ いずれにしろ第三者への依頼では「親のお金がどんどん減って」いきます。

成年後見人には子など近親者が必ずなれるというわけではなく、むしろ弁護士などの専門職、つまりは赤の他人が就くことが多いのです。仮に子などが成年後見人になれたところで、ほとんどの場合に後見監督人を付され、親の財産の使いみちを厳しく監視・制約されることになります。

むろん後見人の私的流用など不正を防ぐためには当然のことではあるのですが、後見される人（被後見人＝親）の財産保全に偏するあまり、たとえば優良な老人ホームに入る資金を親の自宅を売って捻出するような手立てが非常にとりにくくなる（家庭裁判所の許可まで必要）といった不都合も生じます。そして、かれら後見人・後見監督人に支払う手当ても、月々数万円程度はかかってきます……。

そういった成年後見のマイナス面はあるものとして、親が判断能力を失ってしまったあとでは、親族であれ他人であれ誰かその保護にあたる人間が代理権限を手に入れようとすればこの方法によるしかないことも確かです。子が親のために大きな額のお金を立て替えるというのも、言うほど簡単ではないはず。それに、なにも預金を引き出すだけが後見人の仕事ではなく、被後見人（親）が悪いやつに騙されて結んだ契約を問答無用で取り消せる権限をもっています。親の財産を守るためには最高の武器です。

プラスマイナスをよくよく考慮し、状況に応じて成年後見制度を利用するかどうかを決めるべきです。親の判断力があるうちなら、親自身が銀行に申請して親の普通預金口座の「代理人カード」を発行してもらい、親と同居する親族が預金引出しに利用できるという選択もありますが、定期預金の解約などには役立ちません。

17 「認知症？」がかなり深刻な場合親を守る手続きはどうなりますか？

重症化している認知症の場合、その契約は無効だと主張することができます。しかし高齢者本人が後見人をつけるのかどうかは別問題です。

◉ **後見人のいないときに結んだ契約は、さかのぼって取り消すことはできません。相手も「認知症などとは思ってもみなかった」ととぼけてくることがあります。**

認知症などで正常な判断力を失っていると診断されている親に、成年後見制度を利用して「あらかじめ後見人をつけておいたなら」、被後見人（親）が悪質な売主に引っかかって消費者トラブルに巻きこまれたときでも、後見人が契約を取り消して被害を解消することができます。しかし後見人をつけないまま「認知症の親が被害にあった」場合は、どうなってしまうのでしょうか。

後見人のいないときに結んだ契約は、さかのぼって取り消すことはできません。しかし契約の取消ではなく「無効を主張する」のなら間に合います。契約を結んだとき親に契約を結ぶ能力がすでになければ後見人がいようがいまいがそもそも契約が成立していません。認知症が重症化していて、とてもまともに契約などできるわけもないのに、売りこみをかけられて不要なものを買ってしまった、というような場合なら、その契約は無効だと主張することができるのです。契約無効を主張するのはあくまで契約を結んだ本人であり、子などが勝手に主張することはできないことには注意が必要ですが、あとからでも後見人になれば被後見人（親）に代わって契約の無効などを訴え出る権限を得られます。

（後見人の選任は裁判所が行ないますから、必ず子が後見人になれるわけではありませんが、弁護士など第三者が後見人に選任されたとしても、悪質商法による被害からの回復には当然協力してくれるはずです）。

でも、相手方の売主は「認知症などとは思ってもみなかった」ととぼけてくることがあります。しかし、重度の認知症で契約を結ぶ能力（意思能力）を失っていたことは、わりあい簡単に客観的な証拠で証明できることが多いのです。

というのも、重度の認知症であれば、たいてい医師による診断と治療を受けているのでそのカルテや診断書、医師の証言などがあれば、契約などとてもじゃないが結べる状態ではなかったということを証明しうる有力な材料となるからです。

18 親の「判断力がしっかりしている」うちに親本人ができることは何ですか？

家族間で「法律的に効力のある手続き」を確認する機会をもうけましょう。どんな契約と手続きがあるのか――確認しましょう。

◉ **「財産管理委任契約」と「任意後見契約」を合わせて「公正証書」にしておく方法がよく使われます。**

親が年をとって身体の自由がきかなくなり、判断力も衰えてしまったとき、子に限りませんが親の信頼する人が親にかわって親の財産の管理をするための制度があります。

①任意後見制度、②財産管理委任契約――いずれも親の判断力がまだしっかりしているうちに親（委任者）と子（など受任者）が契約を交わすところが共通です。契約によって親の財産を管理し、銀行で親のお金を出し入れしたり、親のお金で親のために必要な買物をしたり、病院や介護施設などとサービス契約を結んだりする権限が受任者に与えられます。

要するに、定めた範囲内で親の代理人として行動できる資格を認めてもらうわけです。

（なお、すでに認知症が重症化するなどして契約を結ぶどころではなくなってしまっている段階では、いきなり裁判所に申し立てて成年後見制度を利用するのが親の財産を親以外の者が管理する唯一の手立てです）。

ただ、財産管理の契約を親と結ぶ……などといきなりいわれたところでピンときません。「それっていったい、なにをどんなふうにするの？」と戸惑うのが当然です。

（契約書サンプルは巻末■■ページにあります。書式ですが一度じっくり見ておくだけで違います）。

◉公正証書を利用するべし。親の知力と体力はどうですか？

注意点を先に述べておきます。「任意後見契約」は「公証役場」に行って「公正証書」にしなければ契約としての効力が生じないということです。それに対して、「財産管理委任契約」は公正証書にしなくても「契約としての効力」をもちますが、あとあと面倒が生じないよう公正証書にしておく方が無難です。そこでこのふたつの契約をより有効にするのがこれです。

「財産管理委任契約と任意後見契約、この2つの契約を両方結んで、いっしょに1つの公正証書にまとめておくのがごく普通のこととして行なわれています。」

親は足腰が弱って銀行やらなんやら自分で出かけていって手続きするのは厳しいけれど判断力や知力の方はしっかりしているといった時点では「財産管理委任契約」によって子など受任者が親の手続きを代行するわけです。そして症状が悪化して判断能力がどうにもあやしくなった段階に至ったところで「任意後見契約」に切り換えます。この契約の発動によって子など受任者は任意後見人として親の手続きを代行する（後見事務の開始）という二段がまえの建付けです。

◉ 2つの契約それぞれにネックがある。だからそういったことを防ぐために……。

ところでなぜ2つに分けて契約（「財産管理委任契約」と「任意後見契約」）するのか、どちらか1つだけでまかなえないのか？――。

任意後見契約は、親の判断能力がどうにもならなくなったところで受任者が家庭裁判所に申し立てます。これによって家裁が「確かにこの状態では……」と認めうるなら契約発動となり任意後見監督人を選任します。この段取りがすまない限り、任意後見契約は効力をもちません。極端な話、親の体が弱って寝たきりだけど、頭の方はちゃんとしているという場合には、任意後見契約は「効力発動」しません。そういうときのために、親の判断能力のあるなしに関係なく、好きに定めた時点から受任者が親を代行できる財産管理委任契約を結んでおくのです。

しかしこの「財産管理委任契約」のネックは「任意後見契約」ならついている「任意後見監督人」のようなチェックマンがいないことです。親の判断力がしっかりしているうちなら、子が親のお金を自分勝手に使いこんでいるとわかれば止められます。事務処理の状況を折々報告させて目を光らせることもできます。しかし、認知症の重症化などでそういうチェック能力が親から失われたあとは、悪く考えれば受任者になった子は親のお金を好き放題に使いこめます。そういうことを防ぐために、親の判断能力が失われたと認められる時点で、受任者のうしろにちゃんと裁判所が選んだ監視役がついている「任意後見契約へとチェンジする」ことをあらかじめ定めておくことができるというわけです。

ですから、この任意後見契約は、子の立場で好んで結ぶというものではなく、あくまで「子による親の財産使いこみを警戒し防止する」ために、親の側に立って制度設計されているものといっていいでしょう。親の側というよりも、受任者となる子以外のきょうだいたち——つまり、「将来、共同して相続人となる者たちの不安を除く」ためといった方がいいかもしれません。

19 家族信託で「親のお金を守る」とはどういうこと？

◉ 家のことは「できれば身内でおさめられれば」というのが、吉岡さん87歳の本音で、そこで見つけたのが……家族信託でした。

たとえば、吉岡さんのところでは、「親の居宅（家）」を、将来いよいよ施設入所が避けられなくなった場合には、売却して入所費用にあてることを検討しています。ただしその売却をしようとしている家＝不動産の名義人である「親」は、近頃認知機能の衰えがみえはじめ、親本人の意向もあって「任意後見人」を立てて居宅売却をすすめようかということもいっているところです。実際にときどきぽっかりと穴が開いてしまったような時間をすごすこともあるのですが、財産処分に他人の弁護士が口を出してくるというのが親本人も家族も気に入らないようで、とりあえず親の判断力がしっかりしているうちに家を売ってしまって、介護施設に入るまでは賃貸マンションにでも移ってもらうか……いや、それはやっぱり気の毒だよ……というようなことを、家族で話し合っているということです。

しかし任意後見の利用には気になる点もあります。

「任意後見契約」は、あらかじめ子など親族を任意後見人に指名することはできても、任意後見人には必ず裁判所選任の監督人がつくので、財産処分での制約を受けることもある。さらに報告書作成の手間や、報酬の支払いもあるというところが、なんとなく窮屈に感じなくもないというわけです。

親の自宅を売却するのは任意後見人の権限のうちとして定めておけば裁判所や後見監督人の許しがなくても可能ではありますが、後見監督人の判断次第でストップをかけられるおそれもないとはいえません。それが「任意後見人の身勝手」を防いで、親本人や他の親族のためになることももちろんあるでしょうが、家のことはできれば身内でおさめることができればいいというのが山本さん87歳の本音ではあります。そしてそんな山本さん親子が「これに決めた」「これにしよう」と言っているのが「家族信託」という制度です。

◉家族信託はたとえば親が財産を託して、親自身が利益を受け取ることのできる契約です。

では、家族信託がどういうものなのでしょうか？　それは、親の判断力がまだしっかりしているうちに子など信頼できる者との間で契約を結ぶことは任意後見と同じなのですが、家族信託で「結ぶ」のは、信託法という法律にもとづいた信託契約だということです。

信託とは、その名のとおり、ある人や会社を信用して財産（信託財産＝お金や不動産、有価証券など）の管理・運用・処分を託することです。契約によって、この銀行口座の○○万円、この地番・家屋番号の不動産……といったように信託する財産を特定します（預金なら銀行に信託専用の口座を作って委託者のお金を振りこみ、不動産なら登記簿に信託にかけられた物件であることを記載します）。

信託した人が委託者、託された人が受託者、管理・運用（お金なら投資、不動産なら賃貸）や処分（支払い・売却）によって得た収益は、あらかじめ定めた受益者が受け取ります（受益権）。

親が自分の財産を子に信託し、それによって生まれた運用益や売却益を自分で受け取る場合、親は委託者であるとともに受益者となります。受託者である子は親＝委託者＝受益者のために財産を管理・運用・処分して、利益を親＝委託者に受け取らせるのです。

◉ 親が判断力を失ったあとも、子が単独で親の財産を処分することができる自由度の高さがメリットです。

信託では、成年後見・任意後見のように専門職後見人、後見監督人の介入はなく、裁判所の関与もありません。親＝委託者の判断力が失われたあと、受託者が好き勝手なことを

家族信託のしくみ

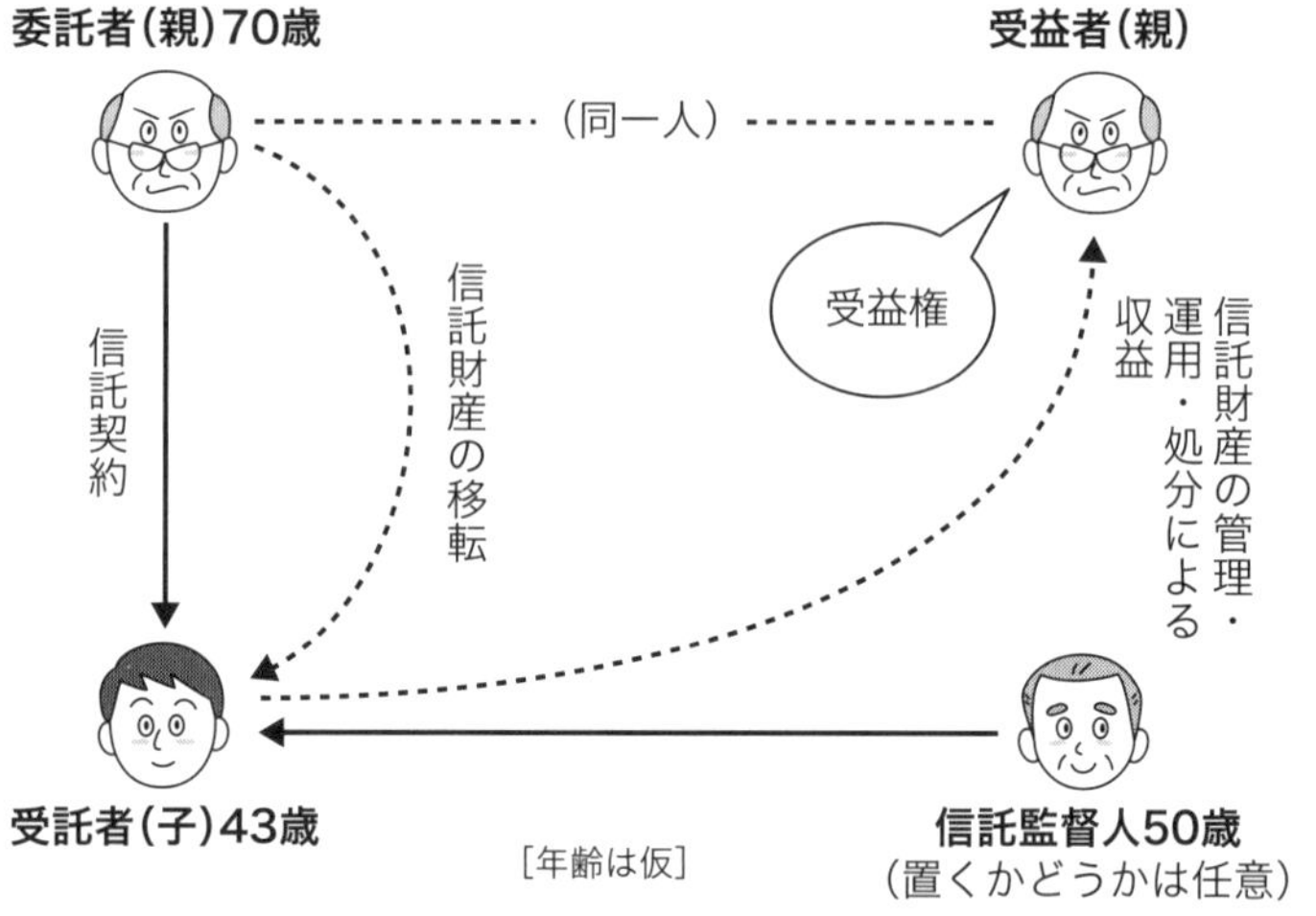

しないか心配なら**信託監督人**をつけておくことができますが、義務的なものではありません。

信託にかける財産は、名目上ではありますが、その名義が委託者（親）から受託者（子）に移されます。銀行口座は、信託専用の「**信託口口座**《しんたくぐちこうざ》」を開設してくれるところ（現状は少数）以外は受託者名義の個人口座で代用します。不動産は登記上、信託財産だと明示されるとはいえ、受託者あてに所有権を移転登記します。

そんなふうに所有名義が受託者（子）に移るからこそ、親が判断力を失ったあとも、子が単独で親の財産を処分することができるのです。

◉ 信託財産以外の遺産は、当然ながら通常どおりに相続されます

しかし、信託財産の実質的な所有者が親であることも、また確かなことです（その証拠に、贈与ではないということで贈与税はかかりません）。信託財産は、親と子がどちらも所有権を完全なかたちではもっていない、どっちつかずの状態に置かれているわけです。

委託者である親が亡くなったとき、その時点で信託が終了する設定になっていて、信託財産の最終的な受取人（残余財産の帰属権利者）が決められていれば、その人が信託財産の所有者となります。委託者が遺言で遺贈したのと近い効力をもちますが、他にいる相続人の遺留分を侵害するほどその額が大きければ侵害額の払戻し請求をされてしまうのも遺贈と同じです。親としては別の財産で埋合わせをする配慮が必要です。なお、信託財産以外の遺産は、当然ながら通常どおりに相続されます。

◉ 信託を利用すれば孫への財産移転まで指定することもできます

親が亡くなっても信託は続く仕立てにもできます（これが家族信託の効能としてクローズアップされている最大のポイント）。たとえば委託者＝受益者である親の死亡後、受益者は

次男に引き継がれるものとし（第2受益者）、次男死亡後はさらに長男の子が受益者を継ぐ（第3受益者）とするような設定です（受益者連続型信託……なお、孫を受益者ではなく残余財産の帰属権利者として定めてもよい）。遺言では子に財産を渡す1次相続しか指定できませんが、信託を利用すれば孫の代への財産移転まで指定を及ぼせるということです。

信託契約は複雑で、銀行の専用口座開設や不動産の信託登記が必要でもあり、専門家（弁護士、司法書士）に頼まないと難しそうです。費用は、信託財産の評価額にもよりますが、最低50万円程度はみておきたいところ。それでも赤の他人の弁護士が成年後見人に就いて月5万円ず1年間払えば同じ額。比較して利用を検討してみる値打ちはありそうです。

受益者連続型信託の例

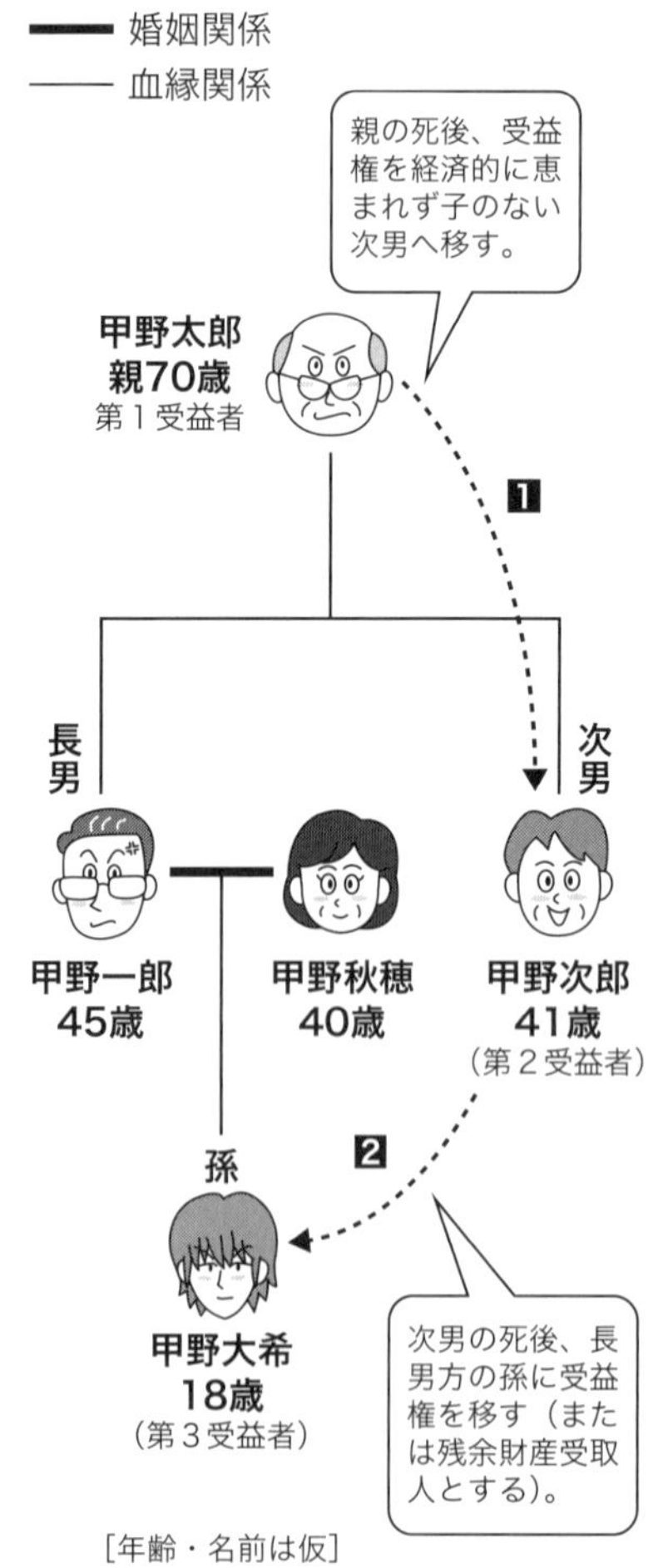

4章

「親のお金」をどう分ける?

20

相続を「親と子」でするのに始めに「やらなければならないこと」はなんですか？

相続するには3つの「確定作業」をすませることが必須事項です。

①「誰が」相続できるのか
②「なに」を相続できるか
③ 遺産はお金にすると「いくら」なのか

これらを「決めたり」「確かめたり」しなければきちんと相続ができません。

◉相続を実際にするには「確定作業」で多くの手間ひまがかかります。

人が亡くなると、民法の規定にしたがって、その人の財産を一定の範囲の人がまるごと受け継いで自分のものにします。それが**相続**で、相続を受ける人が**相続人**となります。

そんなこと百も承知といわれそうですが、いざ本当に相続が生じたとき、現実問題としての「遺産分け」を最後まで支障なくおえるのには、けっこういろいろと面倒な手間と手続きが必要になります。そんなこんなもぜんぶわかってるからいいよ、という方は、法律家などその道のプロを除けば、そうそうおられないはずだと思います。

まず相続では、**誰が相続人であるのか**、ということをはっきりさせなければなりません。その次に**相続される故人の遺産**（相続財産）**にはどういうものがあるのか**ということがあきらかにされなければなりません。さらに、遺産の品目がおおかたつかめたとしても**それらお金以外の財産は「お金に換算」したらいかほどのものであるのか**を算定することもされなければなりません。つまり、相続をきちんと最後までおえるためには、まずもって次の3つの確定作業をやらなければならないのです。

① 相続人の確定　② 遺産の確定　③ 遺産の評価額確定

この3つを終えないかぎり、親が遺してくれた「遺産」が相続人の間で正しく分けられません。

事前の確定作業をおろそかにすると、相続人たちの間によけいな疑念や衝突が生じて、遺産分けがスムーズにいかなくなってしまうからです。

21 相続人を「確定する」とはどういうことですか？

相続人は誰なのか？――それって家族でしょ？　というわけではありません。共に暮らす家族が相続人ではないこともあります。逆に「見知らぬ人」が相続人として「登場」とすることもあり、それは法律が範囲を決めることだからです。

◉相続人の範囲は「法律で決まる」場合と「遺言で決まる」場合があります。

「相続人の確定」をするとはいったいどういうことなのか、具体的にみていきましょう。

相続とは、ある人が亡くなったとき、民法の規定にしたがって、その人の財産を一定の範囲の人（相続人）がまるごと受け継いで自分のものにすることでした。それでは、相続人として遺産を受け取れる「一定範囲の人」とはどういう範囲の人なのでしょう。

そもそもの話、相続には、**法定相続**と**遺言相続**の2種類があります。

法定相続とは、故人が遺言を書いていなかった場合です。もしも遺言が残されてあるならば、その遺言が優先され、法定相続によることはありません。

一方、遺言相続は、亡くなった人が生前に遺言書を書いて、遺産を誰にどれだけの割合で受け取らせるかを指定してある場合の相続のしかたです。遺言で遺産の行き先を指定するので**指定相続**ともいいます。あるいは「この時計は誰々に」「○○銀行の預金○○万円は誰々に」というように、個別の品目を特定の誰かに受け取らせるやり方もあります。

◉法定相続の場合、民法の規定によって相続人の範囲と受け取れる割合が決まっています。

たとえば、ある家で父親が亡くなって、その人に妻（配偶者）と子2人がいるとすると、まさにその妻と子2人だけが相続人です。亡くなった父親の親（子からすれば祖父母）がまだ存命中だったり、父親のきょうだい（子からは叔父・叔母）がいたりしても、かれらが相続することはない、というのが法定相続のルールです。**遺産の配分割合は、配偶者＝2分の1、子＝2分の1（子は2人いるので均等割りして1人あたり4分の1）**。そのように法律のルールどおりに遺産の配分がなされることになるので、法定相続と呼ぶわけです。

本来、相続人とは、この法定相続によって遺産を受け取る人のことをいいます（**法定相続人**）。というのも、遺言のある場合の相続では、次のようなケースもあるからです。

◉ 遺言で指定さえすれば法定相続のルールで定められている本来の相続人以外にも（親族ではない赤の他人にでも）遺産を与えることができるのです。

そのようなかたちでの遺産の受取人は、相続人とは呼びません。遺言の指定で、亡くなったあとに遺産を贈与することになるわけですから、その贈与のことを「**遺贈**《いぞう》」、遺贈を受ける人を「**受遺者**《じゅいしゃ》」と呼んでいます**（本来の相続人でも「遺言の指定」によって法定相続分を超えた割合で受け取ったり、個別の物品を指定されて受け取ったりしたときには、その超えた部分や個別の物品については「遺贈を受けた」ことになります）**。

このように、亡くなった人の「遺族にどのような人がいるか」また「遺言がある場合にはその遺言で誰が遺産の受取人として指定されているか」ということによって、その相続（＋遺贈）における相続人（＋受遺者）の範囲が定まるのです。

なお、相続人と受遺者をいちいち区別して呼ぶのが面倒で、まとめて「相続人」で通すことも多いようです。遺言により遺産をもらった赤の他人まで「相続人」と呼べば違和感を覚えそうですが、たとえば法定相続人ではないけれども故人の親やきょうだいにも遺産を継がせるという場合には、「相続人」に入れてもおかしくなさそうですね。

法定相続のルール

亡くなった甲野太郎さんが遺言状をのこしていない場合の相続

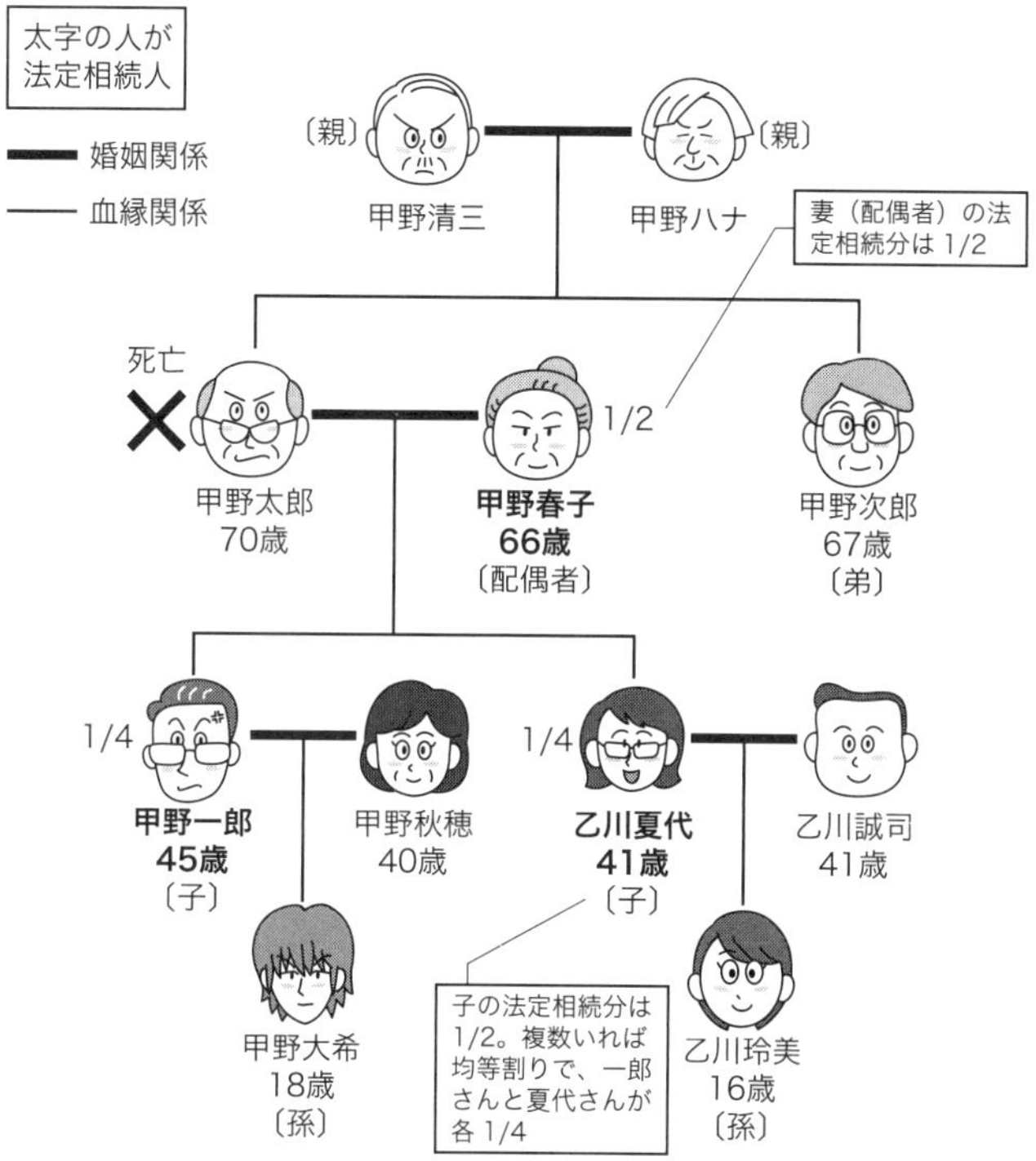

＊　甲野太郎さんが亡くなって、相続が生じたときの関係図です。太郎さんが遺言で遺産の行き先を指定していればそれに従いますが（遺言相続）、遺言がなければ民法の定めに従った法定相続となります。

法定相続人は、まず配偶者（妻または夫…この図の例では甲野春子さん）、そして亡くなった人（被相続人）が配偶者との間にもうけた子がいれば、その子も法定相続人です（甲野一郎さんと乙川夏代さん）。

なお、仮に配偶者（甲野春子さん）もすでに亡くなっていた場合、子の甲野一郎さんと乙川夏代さんだけで相続します（相続分は1/2ずつ）。

亡くなった人の親（甲野清三さん、ハナさん）、きょうだい（甲野次郎さん）、あるいは孫（甲野大希さん、乙川玲美さん）は、亡くなった人に相続権をもった子が存在しているかぎり法定相続人になることはありません。

22

親が亡くなったとき その親の「戸籍をさかのぼる」ってどういうことですか？

――「認知された婚外子」とは「私の子です」と父親から戸籍上の認知届けがある子です。たとえ一緒に暮らしていなくても認知した親の財産を「相続」する権利があります。

◉ **「相続人の確定」には法定のルールで決まる相続人の「範囲」だけでなく、相続人に関する事実の「存否」を確定する必要があります。**

たとえば父親が亡くなりました。家族は妻と子2人なのでこの3人が相続人になることは明らかです。しかし、それで確定ではなく、「戸籍をさかのぼる」必要が出てきます。なぜなら亡くなったときの家族以外に相続の権利を持つ者がいる可能性があるからです（奥さん以外の女性との間に子〔婚外子〕がいた場合や過去に離婚していてその前婚時の子供がいる場合）。たとえ婚外子であっても**認知されていれば夫婦の間にできた子と同等の相続権をもつからです。**

ゆえにもしも「その子」を参加させずに相続手続きがおこなわれても「その子」の相続

放棄がなされていない場合の遺産分割は正しいものではありません。「その子」があとになって現れ自分の相続権を主張すれば、遺産分けは最初からやり直さなければなりません。でも父親亡き後、「父親には外につくった子（婚外子）はいない」ことは誰がどうすれば証明できるのでしょうか？　探偵事務所に依頼もせずにできる方法があるのです。

◉それにはまず亡くなった父親の戸籍を過去にさかのぼって取っていき、出生から現在のものまでをすべてそろえます。

戸籍には通常、結婚するときに元の戸籍を出て夫婦の新戸籍を作るなど、複数回の作り替え履歴があります。この履歴を逆にたどってみていくことを「戸籍をさかのぼる」といいますが、もしも父親にいまの奥さんとの間にできた子以外の子がいて、その子の認知をしていたとしたら、父親の出生から現在までの戸籍のどこかに、そういう子がいて認知をしたという事実が記されているはずなのです。

それが見当たらないのなら、そのことが父親には外に作った子がいない（**正確には、いるかもしれないが認知しておらず、相続権をもつ子はいない**）ことの証明になります。このような「見知らぬ相続人」探しも、遺産分けを無事にすませるにあたって必ずやらなければならないのが「相続人の確定」作業です。

23

親が亡くなり「相続」が「生じた」とき遺産はすぐ自由に使ったり売ったりできるのですか?

相続すればお金が入ってくる……。相続したら不動産は売って……あれほしいな〜。相続で「親族関係が泥沼化」なんて話を聞くのはなぜでしょうか?ちなみに「お金持ちは相続でもめない」のは、親が死んでも「もめないように」生前からの準備——遺言で遺産分割・名義替えの段取りがされているからという話を聞きます。

◉「そういうわけにも、いかないんですよね」

親が亡くなり「相続が生じました」。亡くなった親の財産相続を世間では「第2の玉の輿」という言い方があります。1度目の玉の輿は高収入で実家も資産家の相手と「結婚」することで、第2はその結婚相手の親が亡くなり、遺産を勤続30年以上の退職金よりも多く手に入れお金には不自由しない一生が……ということだそうですが、そういう話はおもしろくはありません。

ともあれ、この家族にも親の死という不幸はやってきます。

たとえば昨年、宮崎社長が84歳で亡くなりました。最後まで現役で御徒町で組み版会社を60年に亘って経営してきたのですが、会社を息子へ渡し、実家不動産は娘さんへ遺したと聞きます。それなりに遺産は不動産や現金などたくさんあったそうですが、会社を継いだ50歳代の息子専務はその日のうちにでも銀行預金をおろしたり家を売ったりすることができるのかと思ったら、「そういうわけにもいかないんですよね」とあるとき言っていました。

◉親が亡くなった瞬間、「相続は生じます」。しかし「相続」を受けてもすぐには遺産は処分できないものです。

親が亡くなった瞬間、特段なんの手続きも必要なく、遺産（相続財産）は自動的に相続人（配偶者や子など）のものになります。死をもって世間では多くの書類が動き交わされ、様々な手続きが行われていきます。その数30以上あるとされますが、「相続」においては遺産を受け取る生者の側の手続きが完了して初めて財貨の移動がなされます。誰か亡くなりその相続人が「それならすぐに遺産を処分するのも自由でしょ」というわけには残念ながらいかない「しくみ」になっています。

たとえば相続人が複数いて遺言書による指定がない場合（法定相続）、まだ遺産のどれが相続人の誰にいくとは決まってはいないということです。相続人には民法で決められた割合で権利が移ったというところまでわかるだけ。そこから先は相続人みんなで話合いをして、それぞれの受取り分を具体的に「この預金は誰々のもの」「この家は誰々のもの」というように決めてからでないと**（遺産分割協議の成立）**、誰もその財産に手をつけらないということです。

◉公正証書にしていない遺言書は、裁判所の「検認」が必要です

一方、親が生前、遺言できちんと遺産の行き先を決めておいた場合は別です。これは遺言による**指定相続**といいますが、この場合は遺産分割協議は必要ありません。ただし遺言書の内容を相続人みんなでよく回し読んで了解する時間と手間をかける必要はあります。遺言書が不完全で、指定洩れがあったり、意味不明の箇所があったりということも、ままあるからです。公正証書にしていない遺言書であれば、家庭裁判所に持っていって**検認**《けんにん》という確認手続きを受け、**検認済証明書**をもらわなければなりません。

建前上は「封印されていない遺言書」なら「検認不要」なのですが、のちのち銀行や法務局などでその遺言書にしたがって「名義変更手続き」をするとき、裁判所発行の検認済証明書の添付を求められます。そしてもし「そういえば、はっきりはしないけど親父さん、

遺言書というかそんなものをきっちり準備してあるようなこと、言ってたんだけどなあ……」ということで「遺言書が公正証書にしてある」可能性があるのであれば、最寄りの公証役場で検索システムを使って日本全国の公証役場のデータを洗いざらい調べることができます。そして「遺言書が公正証書にしてある」のなら、裁判所での検認は不要で、そのまま銀行などに持ちこんで手続きができます。なお、公正証書の原本はそれを作成した公証役場に保管されています。正本と謄本は交付されているはずですから、実家を探せば出てくるかも知れません。

◉ 預金や不動産には、名義変更というハードルがあります

亡くなった親が銀行に預けていた預金や所有していた不動産には**「預金口座の名義」「不動産の登記名義」**というものがあります。

相続人はこれを「自分の名義」に移し替えないことには、自由にその預金を使うことができません。不動産の売却もすることができません。そういうわけで、相続した銀行預金や不動産を自由に処分しようと思うなら、預金については銀行に行って相続手続きをし、不動産については法務局で相続登記を終えなければなりません。

24 親が亡くなったあと その親の銀行口座から預金を「相続」で受け取るためにはどうすればいいのですか？

「遺言」「遺産分割」「受取人の口座へ振り替え」「現金で受け取る」……銀行預金の受取り方についてくわしく見ていきましょう。

◉銀行預金の受取り手続きはどこでするのでしょうか？

預金者が死亡したら、その人名義の口座は凍結されるという話がありますが、ではいつ、どのタイミングで「亡くなった人の口座は凍結される」のでしょうか？

たとえば市役所などから死亡情報が金融機関にも流れ、それを基に口座凍結されるといったことを聞いたりしますが、これは違います。一番多いのは預金者の家族が窓口へやってきて**「預金者死亡」**の旨《むね》を伝えるパターンです。親が亡くなったあと葬儀代や戒名《かいみょう》代がかかるだろうからと、実家から親の預金通帳とキャッシュカードを持ち出し、とりあえずキャッシュカード（暗証番号は聞いて知っている）を使って口座から「2日かけて100万円下ろした」。それだけでは間に合わず、定期からも下ろそうとして窓口を頼ったらそのまま親の預金口座が凍結され、「あと30万でいいからキャッシュカードで下ろしておけば、葬式もお金でぎくしゃくしなくてもよかったのに」という話もあります。

それから金融機関は預金者の死亡情報を独自に入手した場合（新聞の死亡記事や取引関係者からの情報など）、その口座を凍結するそうです。葬儀で相続人全員が集まってそこで相続のことが話に出、親の預金について不審・不安に思った相続人の1人が銀行に残高照会の電話を入れて名義人死亡の事実を知られるのもありがちなケースとされます。葬儀の悲しみも癒えぬうちに「親のお金」や「家土地相続」をどうするのかが話題になるところは何とも「骨肉」という感じがしてよろしいのではないでしょうか。

◉ 親が亡くなったら「口座名義人が亡くなったことを銀行に連絡」します。そして「相続手続きの依頼書」をその銀行から入手します。

亡くなった人の預金口座を解約する手続きは金融機関への依頼書をもってなされます。これは受取人と決まった人の口座に振り込むか、その人あてに現金で払い戻すかを頼むものなので「相続届」など銀行ごとに異なる呼び名がついています。この相続届といわれる用紙はどの支店にも置いてあるもので、電話で請求して郵送してもらうこともできます。

たとえば葬儀は広島で済ましたものの、息子の居住地は東京都中央区なので、口座凍結の解除と預金の移動引き出し手続きのためだけに東京－広島往復というのは、時間的にも金銭的にもそれなりにかかります。銀行預金は「預金者が特定の支店に口座を開設してお金を預け入れること」ですが、相続人が「親（がお金を預けた銀行支店）から遠く離れて暮らしている」ときはどうなるのでしょうか？

◉そもそもの話、「親が遺したお金」が1つの銀行、1つの口座にあるとは限りません。

むしろ、いくつかの銀行や信用金庫、信用組合、ＪＡ貯金などいろいろに分かれていることはよくあります。さらに銀行は同じでも口座は複数の形態（普通預金、定期預金、財形貯蓄…）で存在していることも少なくないでしょう（そのうえ支店が複数にわたることもあります）。別々の銀行にある預金はもちろんまとめて処理するわけにいかず、銀行ごとに片づけていくしかないのは当然です。それでは「親がお金を遺した銀行」であれば、「同じ銀行でも違う支店」であっても、相続人はその「違う支店」で相続手続きを処理してもらえるのでしょうか？

◉ 親が亡くなったとき「預金の相続」をすすめるには親の口座開設支店に「出向く必要あり」が圧倒的多数のようです。

「預金の相続」では銀行によって対応が異なります。預金口座のある同じ銀行であれば「相続人の最寄りの支店で手続きできる」銀行もあれば、亡くなった親名義の口座がある支店まで「行かなければ手続きできない」銀行もあります。「口座のある支店に来てください」という銀行が圧倒的に多数とされますが、事前に連絡して確かめましょう。

あるいは、相続手続き依頼書や戸籍など必要な添付書類一式を郵送するだけで手続きしてもらえるのかということも、その銀行の対応を事前に確かめる必要があります。最寄り支店の専用ブースに設置されたテレビ電話を通じて相続手続きができる銀行もあります（たとえば三菱東京ＵＦＪ銀行はそうだったと思います）。

25 「相続手続きしたいんだけど」と銀行に連絡すると口座凍結後の仮払い制度の新設を教えられました

―「遺言」「遺産分割」「受取人の口座へ振り替え」「現金で受け取る」……

◉ 口座凍結後の仮払い制度を新設します。

そんなある日、「相続手続きしたいんだけど」と銀行に連絡すると、こんなことを言われました。

「名義人様が亡くなったご連絡をいただくと、その口座は凍結されますので、当面手続きが完了するまでは預金を引き出すことも、公共料金などの引落しもできなくなります。」

これは金融機関が通常おこなう措置です。口座凍結後は、その銀行できちんと相続手続きをおえるまでは、基本的に誰もその預金に手をつけられないのです。といいつつも2019年7月1日以降、葬儀代や残された連れ合い＝配偶者の生活費など、当面急を要する支払いにあてられるよう、**「凍結を解いて各相続人への仮払いができる」**ことになりました（民法909条の2…**ただし引き出したお金を生活費に使ったりすると相続放棄できなくなることに注意**）。

◉必要な書類はこんなにたくさん……。

一般に、銀行で相続手続きをするためには、次のようなものを準備しなければなりません（相続登記の手続きも、遺産分割協議書や遺言書、戸籍については同様です）。

①亡くなった人（被相続人）の出生から死亡まで
　連続した戸籍謄本《こせきとうほん》（連続戸籍）
②相続人全員の戸籍謄本（現在戸籍）
③遺産分割協議書　または
　遺言がある場合はその遺言書（＋検認済証明書）
④相続人全員の印鑑登録証明書
⑤ほかに、亡くなった人の預金通帳、
　キャッシュカードなど（銀行に返還するため）

＊現在、戸籍はかつての帳簿式からコンピューター内の電子情報へとほとんどが移し替えられています。電子化後には「戸籍謄本」の呼び名も「戸籍全部事項証明書」に変えられたのですが、「戸籍謄本」の方が言いやすいので、いまもってこちらの方が広く使われています。

以上のものをそろえて銀行に行き、相続手続きの依頼書とあわせて提出します。

遺言書があって預金の受取人がはっきり決まっている場合には、亡くなった人の戸籍は現在の戸籍だけあればよく、出生時からの連続戸籍まではいらない扱いになるなど、遺産を受け取る方式によって必要書類には多少の変化があります。

◉手続きが済んでも「お金」はすぐには受け取れません？

持っていった必要書類を相続手続きの依頼書とともに銀行の担当者に渡せば、ようやく親の預金を受け取れることになります。

口座のお金を「受取人自身の口座」に振り替えるか、「現金で払い戻す」かしてもらえる段階に到達……といっても、すぐに実行されるわけではありません。銀行側が受け取った書類をチェックし、誤りや不足がなにも出てこなければの話。すんなりいってもお金を受け取れるまでに2週間程度はかかります。書類不備や修正があれば再提出になります。「受取人の口座」は銀行が違っても振り込んでもらえます。ただし「ゆうちょ銀行」の場合、受取人も「ゆうちょ銀行」の口座をもっていないと振込み処理をしてもらえず、現金の払戻しのみになります（2019年3月現在）。

◉代表者1人でも手続できるけど……遺言書の「ある」「なし」では「遺産分割協議書」も必要になります。

このような相続手続きをするには、相続人（遺言で受けとる受遺者を含む）となった者たちが全員そろって銀行に出かけなければならないわけではありません。受け取る人が複数いる場合でも、代表者を決めて、その人に手続きをまかせることができます。ただし、銀行に相続手続きの依頼書を渡す際には、相続人全員の署名・押印をそろえ、その印（実印＝登録印）の印鑑証明書もつけてやる必要があります。

遺言があって、預金を受け取る人（受遺者）が指定してある場合には、その受取人の署名・押印＋印鑑証明書だけあればよく、指定外の者の署名押印は不要、というのが建前です。ただ、遺言書の内容によっては、間違いのないように全員の署名・押印（＋印鑑証明）を求められますから、簡単に決めつけず、事前によく銀行に確認することが肝要です。

また、遺言がなく、相続人たちで「遺産分割協議書」をつくった場合、相続人全員の署名・押印（＋印鑑証明書）が求められます。それが、この遺産分割について相続人全員が同意している証明になるのです。

銀行で預金の相続手続きをするには、必要書類と押印などをそろえるのが大変です。相続人どうしはもちろん、銀行の担当者との「綿密な打合せ」が欠かせません。

26 相続手続きで「戸籍をそろえる」って何ですか？

亡くなった人の死亡事実、相続人の相続資格、さらに「転籍」や「改製」……戸籍から事務処理で消えてしまっている相続資格者がいるかもしれません。集めることで見えてくる「不在」の証明です。

◉相続手続きでとにかく大変なのが「戸籍を集める」ことです。

銀行で預金の相続手続きをするときには、「亡くなった人の側」の戸籍と、「遺産を受け取る側」の戸籍の「両方をそろえてもっていく必要」があります。これがけっこうな手間なのです。とはいえ、そもそも、なんのために戸籍なんぞをもっていく必要があるのでしょう。

亡くなった人の「現在戸籍」とは、その人が「本当に死亡した」ことが記載されている戸籍で、その人が「本当に死亡した」事実の確認をするためです。それゆえ、亡くなってから7日以内に親の**死亡届けを役所に出したのち、死亡の事実が戸籍にも反映されたあとのものとなります。**

（戸籍の中にいる人が死亡したり出ていったりして、その戸籍がカラになった場合、それは全員が除籍された戸籍ということになって「除籍簿」と呼ばれます。その謄本は戸籍謄本ではなく除籍謄本です）。

そして、遺言のない相続（法定相続）の場合には相続人たちが話し合って遺産の行き先を決めた（預金の受取人も決めてある）「遺産分割協議書」を銀行に持ちこむわけですが、銀行側は亡くなった人の戸籍と相続人側の全員の戸籍（亡くなった人との続柄《つづきがら》が記してある）とを突き合わせ、相続人が持ってきた「遺産分割協議書」は確かに「法定相続人である者全員がそろって作成」しており、そこに「押されたハンコと印鑑証明書の印影が一致している」かを確認し、当人の知らないうちに偽造されたものでもない（印鑑証明書は登録者本人か委任を受けた代理人しか役所からもらえない）ことをチェックするわけです。

◉遺言で預金の受取人が指定されていても「戸籍」がそろっていないとNGになる場合も……。

なお、亡くなった人の「連合い＝配偶者」や、亡くなった親の戸籍に入ったままの未婚の子は、「亡くなった人の現在戸籍」が「自分の現在戸籍」でもありますから、自分の戸籍を別途用意する必要はありません。また、「遺言のある相続」であれば、遺言書にその銀行預金の受取人が指定してあるはずですから、その受取人は法定相続資格がなくても「受遺者《じゅいしゃ》」としてそのお金を受け取る権利をもつわけです。それなら法定相続人であることの証明書＝自らの現在戸籍はいらないことになります。

さらに、相続資格のある者をすべて調べ上げて確定する必要もないため、「亡くなった人＝預金口座の名義人」の「出生から死亡までの戸籍」をぜんぶそろえる意味もなく、ただ「亡くなった事実がわかる現在戸籍」だけあればいいことになります。その「理屈どおりに不要」という銀行も多いですが、念のため、事前に確認するのが安心のもとです。

遺言で預金の受取人が指定されていても、たとえば預金口座は複数あるのに指定洩れがあるようなとき、その指定洩れの部分については相続人全員でどう分けるかを決めなければなりません。そうすると、やっぱり相続資格のある者が本当にいまわかっているだけの面々に限られるのかどうか、調査を尽くす必要が生じます。そうすると、「亡くなった人の出生から死亡まで『連続した戸籍』をそろえてもってきていただきたい」……ということになってしまうのです。

◉ 亡くなった親の「出生から死亡まで連続した」戸籍には、子供の知らない親の履歴が隠されていることもあります。

さて、話が前後してしまいますが、「亡くなった親の戸籍」については、遺言書がなく相続人全員で遺産分割をするケースではとくに、現在時点の戸籍のみでは足りず、**過去にさかのぼって「出生から死亡まで連続した」戸籍をすべて集めなければなりません。**現在戸籍のみでは、今回生じた相続の法定相続人が「遺産分割協議書に名を連ねた者だけに本当に限られるのか」を証明する材料として不十分だからです。

では「連続した戸籍」とは、そもそもどういうものなのでしょう。

◉ 出生からの戸籍・戸籍を出る・復籍・転籍。

正式に結婚（婚姻届を出し夫婦の戸籍を作って入籍）した夫婦の間に生まれた子は、その両親の戸籍に入ります（これがすなわちその子の「出生からの戸籍」です）。そして、その子が長じて結婚したとき、子は自分たち夫婦の新しい戸籍を作ります。このとき子は、親の戸籍から出ていきます。つまり、結婚をすることによってその人の戸籍は新旧二つに分裂し、結婚後の戸籍と、さかのぼって連続させるべき結婚前の旧戸籍ができあがるわけです。

そして「もしも離婚をした」とすれば、戸籍の筆頭者（結婚して姓を変えなかった側）についてはなにも変わりませんが、筆頭者でない側（姓を変えた側…現状は妻側であることが多い）は、夫婦で作ったその戸籍を出て、結婚前の戸籍に戻るか（復籍）、自分で新しい戸籍を作って入るかします。そこでも「戸籍の分裂」が生じます。

さらに、離婚などの事情がなくても、**転籍**といって戸籍を置いた場所＝本籍地を別の市区町村に移すことは自由です。これをすれば、戸籍がそっくり新しくなり、たどるべき戸籍の数が増えます。

◉改製原戸籍《かいせいげんこせき》＝現戸籍《げんこせき》と区別するのに「はらこせき」といいます。

親が亡くなって相続が生じたとき、**その親の「出生から死亡まで連続した戸籍」を集めるとは、親が自分の戸籍を新しくしていった過去の履歴をすべて逆向きにたどっていく作業となります。**戸籍にはそこに移る直前の旧戸籍のありかが必ず記してありますから、過去へ過去へと逆向きにたどれるのです。

あとひとつ、これは行政の都合ですが、戸籍の記載は平成6年以降、昔ながらの紙とじの帳簿から役所のコンピューター内の電子情報に移しかえられてきました。昭和32年からこちらは紙から紙へのリニューアルが行なわれています。このような作業を戸籍の改製といい、改製をする前の戸籍を改製原戸籍《かいせいげんこせき》と呼びます。口で言うと「げんこせき」になって、死亡時の現在戸籍を意味する「現戸籍」と紛らわしいので、実務の窓口では「はらこせき」と呼んでいたりします。

◉戸籍が新しくなると「隠し子」の存在が消える。

この「改製」が行なわれた「あとの戸籍」と「前の戸籍」を両方とって、「戸籍」をつなげなければなりません。紙が電子に変わっただけで中身はなにも変わらない、どちらかがあればいいじゃないと思うかもしれませんが、それは違っていて、中身が変わっている可能性があるのです。転籍も同じことで、手続きのあと戸籍の記載内容が変わってしまっているかもしれないのです。

それは、こういうことです。

戸籍が新しくなったとき（改製も含めて）、前の戸籍の記載事項の一部が新しい戸籍に移記されず、しかもその移記されない中に相続資格をもつ者の存在情報が含まれている可能性がある――。

たとえば、ある男性が未婚の女性に産ませた子（婚外子）を認知したという事実は、その時点で男性の入っている戸籍に「身分事項」として記載されますが、その記載は、戸籍が転籍されたり改製されたりすると、新しい方に移記されず「消えて」しまいます。結婚して新しい夫婦の戸籍を作ったときも同じです。

一方、「婚外子」を産んだ女性は、それまで自分の親の戸籍の中にいたとしても、新戸籍を作って子といっしょに入ります（筆頭者は母、子の姓も母と同じ）。そして、子の父親が認知をすれば、その事実が子の身分事項欄に父の名とともに記されるのですが、こちらは転籍や改製があっても子の存在自体や認知を受けた旨の記載が消えることはありません。戸籍を作り直したからといって、在籍中の子を消していい道理がありません。

認知の記載は、母子にとって死活問題ともなる大切な情報です。

父親の側と違ってこちらはしっかりと残します。

「戸籍を出生から死亡まで連続させる」とは？

遺産の登記名義や銀行預金の口座名義を相続人の名義に変える手続きをするとき、「被相続人（亡くなった人）の出生から死亡まで連続した戸籍謄本（全部事項証明書）を提出してください」というふうに求められます。

現在の戸籍から逆にたどって、すべての謄本をとることで「連続」させます。戸籍には前の本籍地が書いてあるので、さかのぼることができます。

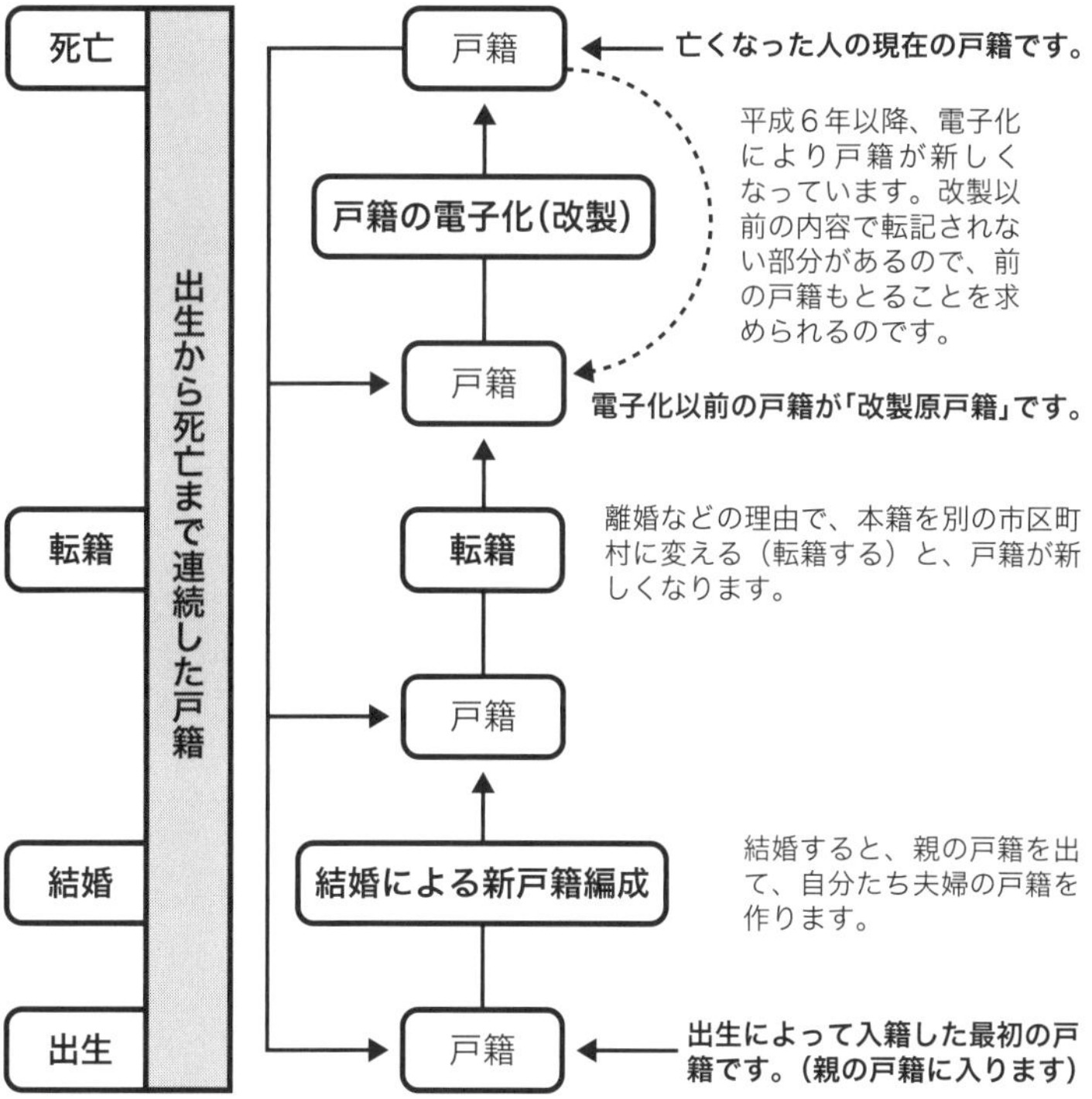

＊「戸籍を出生から死亡まで連続させる」のは、亡くなった人の「隠し子」の存在を確かめるためですから、本当は生殖能力がそなわる10歳くらいからの戸籍がとれれば間にあうのですが、戸籍は年齢で区切れているものではないので、出生時からとることになるのです。

父親の戸籍

婚外子（乙山玲奈）を認知した父親（甲原太郎）の戸籍サンプル（抜粋）

戸籍に記録されている者	【名】太郎 【生年月日】昭和○年○月○日 【父】甲原和雄 【母】甲原良子 【続柄】次男
身分事項 出　生	【出生日】昭和○年○月○日 【出生地】広島県広島市安佐南区 【届出日】昭和○年○月○日 【届出人】父 【送付を受けた日】昭和○年○月○日 【受理者】広島市安佐南区長
婚　姻	【婚姻日】平成○年○月○日 【配偶者氏名】丙川由美子 【従前戸籍】埼玉県川越市○○町○丁目○番 丙川清
認　知	【認知日】令和○年○月○日 【認知した子の氏名】乙山玲奈 【認知した子の戸籍】 東京都中央区八丁堀○丁目○番 乙山小百合

認知をした父親＝甲原太郎の名前と、その太郎の両親、続柄の記載。

ここは甲原太郎の出生について記載する欄。

父親の甲原太郎は丙川由美子と正式に結婚し、この夫婦戸籍を作っています。

結婚前に由美子が入っていた実家の戸籍。

認知した子の情報が、この欄を設けて記載されます。

認知した子（乙山玲奈）が入っている母親（乙山小百合）の戸籍。

母と子の戸籍

父親（甲原太郎）から認知された婚外子（乙山玲奈）の戸籍サンプル（抜粋）

戸籍に記録されている者	【名】玲奈 【生年月日】令和○年○月○日 【父】甲原太郎 【母】乙山小百合 【続柄】長女
身分事項 出　生	【出生日】令和○年○月○日 【出生地】東京都中央区 【届出日】令和○年○月○日 【届出人】母 【送付を受けた日】令和○年○月○日 【受理者】東京都中央区長
認　知	【認知日】令和○年○月○日 【認知者の氏名】甲原太郎 【認知者の戸籍】 東京都新宿区高田馬場○丁目○番 【送付を受けた日】令和○年○月○日 【受理者】東京都新宿区長

乙山玲奈（認知された子）についての記載欄であることを示します。

認知したので父の名を表記。

乙山玲奈は、母親である乙山小百合の戸籍（この戸籍）に入っています。

母・乙山小百合が届け出た玲奈の出生事項。

婚外子・乙山玲奈を認知した父親・甲原太郎の情報が、母親である乙山小百合の戸籍に「認知」欄を設けて記載されます。

27

「親が離婚／再婚」している場合
相続と戸籍の履歴はどうからんでくるのですか？

相続の権利を知ることはその人の人生の履歴をなぞることにもなります。相続はまた、人生のおさらいのようなところがあるようです。

◉長く生きているといろいろあります。戸籍だけではわからないこともあります。

母親が未婚で子を生み、父親から認知を受けたその子と同じ籍に入っていた場合――のちに母親が子の父とは別の男性と結婚し、その姓が別のものに変わるときには、母親は母と子で在籍していたその戸籍から出て新しい夫婦の戸籍に入り、子の方は元の戸籍にそのまま残ります。そうすると、結婚後に生まれた子が自分の親の戸籍だけを見ても、母親には自分とは別の子がいることはわからなくなります。

（家庭裁判所で「子の氏の変更許可の申立」をして子の姓も合わせ、改めて入籍届を提出すれば、子も母のいる戸籍に入れます。しかし、戸籍が母と別になったところで母子の親子関

係にはなんの影響もなく、他方、母の夫となった男性とは同じ戸籍に入ったところで養子縁組をしないかぎり他人のまま。姓が変わることをいやがる子もいるでしょうし、子の戸籍は移さず、そのまま放っておくケースもあるのです）。

そのような事情を抱えた人が亡くなったとして、そこから相続を受ける相続人たちの立場になって考えみるとどうなるのでしょうか。

亡くなった父親には若いころ認知した子がいます（正妻の子らは知らないことです）。父親は転籍によって戸籍から認知の記載を消し、秘密を抱えたまま結婚して夫婦の子（このたびの相続人たち）をもうけました。そうすると現在の戸籍をみてもその「隠し子」の存在はつかめません。

あるいは、亡くなった母親には、父親と結婚する前に別の男性との間にもうけた子がいました。その子の籍は父母の戸籍に移していないので、現在のその戸籍をみてもその「隠し子」の存在はつかめません――。

そのような「隠し子」は、「亡くなった父親」あるいは「亡くなった母親」の現在の戸籍からさかのぼり、「過去に存在した戸籍をすべて」洗ってはじめて現れ出てくるのです。

正式な結婚をしていない男女間にできた子でも、「父親が自分の子と認めて認知」の届出をしていれば、その父親からの「相続権」が生じます。

母親からの相続は、「出産というあまりに明らかな親子関係の証明」がありますから、婚姻外で生まれた子も、「その母による認知のあるなしを問わず」相続権を認められます。

そのような、相続権をもつ者の存在情報が、戸籍の転籍や改製、あるいは結婚による新戸籍作成によって消えてしまうのです。したがって、その転籍などより前の戸籍もすべてさかのぼって調べないと、亡くなった人の現在戸籍から確認できる以外に「相続人はいない」という事実は立証できないことになるのです。これが亡くなった人の「出生から死亡まで連続した戸籍」の提出を求められる理由です。

もちろん、若いころ婚外でもうけた子を、のちの結婚で生まれた子たちに隠し通すということは、実際、なかなかできることではありません。むしろ片親だけの血のつながり（半血）であっても血を分けたきょうだいとして、顔合わせくらいはさせるのが普通でしょう。ですから、いざ相続という段になり、見も知らぬきょうだいの存在が戸籍を調べ上げてはじめてわかるなどということはそうそうめったにあることではないのです。

しかし、「親からなにも聞いていないから、隠し子などいるはずがない」という、ごく常識的な言い分は、相続手続きを受けつける銀行には通用しないのです。先方が求めているのは、あとから未知の相続人が現れ出てくる可能性を厳密に、「ゼロになるまで潰せ！」ということだからです。

なお、**遺言で預金の受取人が指定されている場合**には、この「連続戸籍」は不要となります。なぜなら、その預金を**受け取れるのは指定された人**以外に存在せず、亡くなった親に相続権をもった**「隠し子」がいようがいまいが銀行には関係ない**からです。

◉どうして「出生から」なのか？「連続した戸籍」なのか？

ところで、「出生から死亡まで連続した」戸籍の提出を求められるのは、現在の戸籍には記載されていない「相続権をもった隠し子」の存在をつかむため、ということだったわけですが、そういうことなら、なにも「出生から」でなくても、男女の生殖能力、出産能力がそなわる年齢あたりから以降でいいのではと思うかもしれませんが、それはそのとおりで、銀行によっては「16歳の誕生日以降」から「亡くなるまで連続したもの」などと指定してあることもあります。ただ、父からの「子の認知」は未成年者でも「誰の許可もなくできる」ことですから（民法780条）、「16歳」より前にその男子が女性に子を生ませて認知していれば、「16歳の誕生日以降」の戸籍では「隠し子」の存在をつかめないはずなのですが……。

戸籍というものはそもそも「誕生日」で区切れているものではありません。仮に25歳で結婚したとすれば、途中で分籍の手続きをして親の戸籍を出ていっていないかぎり、生まれてから25歳までずっと同じ親の戸籍に入ったままです。ですから、「16歳以降」の戸籍をとろうとすれば、どのみち「出生から」の戸籍をとることになります。

28 親の戸籍を「全部手に入れる」ことは亡くなった親の相続にどんな結果をもたらすのでしょうか？

戸籍は「本籍地」の市区町村役場の担当窓口でとることができます（郵送も可）。「本籍地」がわからないときは「住民票の記載」から知ることができます。

◉ 亡くなった人の住所に「戸籍もある」とは限りません。

親から子への相続があったとき、相続人確定のために親の戸籍を調べる必要が生じます。それでは、その「戸籍」とはいったいどこにいけばあるものなのでしょう。

戸籍には「本籍地」というのがあります。つまり親の本籍地の市区町村役場の戸籍窓口にいけば、そこに親の戸籍データは存在しています。しかし、**本籍の置き場所は出生地とも現住所とも関係なく日本全国どこでもいいことになっている**ので、ときに本籍地は皇居と同じとか富士山の頂上とかにしている人もいます。さらに結婚当初は住所地と本籍地が一致していても転居によって本籍は残したままということあるので、親の本籍地がどこなのかわからないときは、まずは親の住所地の役所で、親の住民票（死亡届け後は**住民票の「除**

票」）をとります。そのとき、申請用紙の中に「本籍・続柄」まで記載するかどうかを聞いている欄がありますから、「記載する」をチェックすると、親の本籍地＝戸籍のありかまでのっている住民票がもらえるのです。なお、そのさいには、本人証明のできる運転免許証やマイナンバーカードのほかに、相続人であることが証明できる相続人本人の戸籍謄本（父母欄に亡くなった親の名前が書いてあります）をもっていってください。

◉祖父母の戸籍のありかは親の戸籍をみるとわかります。

たとえば、亡くなった男親が、未婚で自分の親（相続人の祖父母）の戸籍に入っているとき子をつくり、その子を認知していたとします（認知すると相続権が生じます）。認知した子の存在は、その戸籍に身分事項として付記されます（子は母親の戸籍に入ります）。その後、父親が別の女性と正式に結婚して夫婦の新しい戸籍をつくったとき、認知した子の存在は、この新戸籍に転載されません。夫婦の新戸籍だけみたのでは、男性に認知した子がいることはわかりません。

こういうことがあるので、相続人である子は、親の戸籍（結婚以後について）のみならず、親の親の戸籍（親の未婚時について）まで調べなければ「相続権をもつ見知らぬきょうだい」

の存在をすべて洗い出せないというわけです。

◉父親が生前に認知しなかった子が裁判所に訴え、認知を認められるケース＝「強制認知」。そして「遺言認知」もありえます。

可能性の問題としては、父親が生前に認知しなかった子がいて、その子が裁判所に訴えることによって認知を認められるケース（**強制認知**）もありえます。これは戸籍をどれだけ洗ったところで事前に察知することはできません（遺言書に誰それを認知する旨が記してある**遺言認知**もありますが、これは遺言書に書いてあるのですから、あらかじめわかります）。

ところで、もし祖父母の本籍地がわからないときはどうすればいいのでしょうか。親の戸籍がとれれば、そこからさかのぼって祖父母の戸籍にたどりつけます。あるいは、祖父母の住民票・亡くなっていれば除票（本籍つき）をとればいいのです。

◉自分自身の本籍地がわからない…？

さて、亡くなった親の戸籍は以上のようにして見つけられるとして、相続人側（自分自身）の戸籍の収集はだいじょうぶでしょうか。受け取った遺産を名義変更するためには、親の戸籍だけでなく、相続人側の戸籍もとらなければなりません。

そもそも自分の本籍地、ちゃんとその場所をわかっている人はどのくらいいるものなのか。結婚したとき夫婦の新戸籍をどこの町に置いたか程度は覚えている、あるいは未婚で親の戸籍から出ていないのでどうせ親の住んでいる故郷の町が自分の本籍地でもあるんだろうとか、おおまかにしかわからない人も多いはずです。自分の本籍地が何県何市の何町くらいまではわかっても、何丁目何番地かまで正確に覚えている人は稀でしょう。

少なくとも市区町村がわかっていれば、**その区域を管轄する役所の戸籍窓口へ行って**（郵送でも可能ですが）、**戸籍筆頭者**（夫婦でつくった戸籍なら入籍時に姓を変えていない方、未婚でまだ親の戸籍に入っているなら両親のうち姓を変えていない方）**の名前に加え、自分の戸籍記録を請求する当人としての自身の名前を告げれば、それで戸籍を入手できます。**

あとは請求者の本人性確認のために身分証明書——運転免許証やマイナンバーカードなどを提示できればOKとなります。

これに対して結婚などで親の戸籍から出て、別の市区町村に本籍を置いた子が親の戸籍を請求するときには、「請求者＝子」と「請求の対象者＝親」との親族関係が親の戸籍の記載のみでは確認できませんので、子は自分自身の戸籍（——旧戸籍にいる親との続柄がそれにより証明できる）も付して請求しなければなりません（ただし戸籍が別になっても、同じ市区町村内にあれば、役所の方で内容を確認できるので請求者が持参する必要はありません）。

自分の本籍地がどこか市区町村すらわからない……というなら、**親の戸籍探しと同様に、自分の住民票を「本籍つき」でとりましょう。**

そこにきっちり番地まで書いてあります。

◉音信不通の相続人を見つけ出すには？……

このように「自分の戸籍」をとるだけならなんとでもなります。困るのは、相続人全員の戸籍をそろえなければならないのに、その中に長らく音信不通、所在不明の者がいる場合です。共同相続人となったきょうだいにそういう者が混じることは、さほど珍しくもない事態です。戸籍をそろえる以前に、遺言の指定がない場合ならその者も入れて遺産分割協議をしなければ相続手続きそのものを終わらせることができません。

そうしたときは、自分たちの親の戸籍からたどって探す方法があります。

親の戸籍（ないし「除籍」）をみると、もとはその中にいたきょうだいが結婚して戸籍を出ていっていたり、未婚のまま親の戸籍の中にい続けたりするのがわかります。戸籍を出ていっていれば、出ていった先の新しい本籍地が親の戸籍に書いてあります。そこからさらに転籍などで動いていても、追いかけていって最終の本籍地を突きとめられます。**たどれるかぎり最終・最新の戸籍（本籍）を見つけ出し、それといっしょに保管されている「附票」をとればよしということです。**

戸籍の附票には、その戸籍が作られてからのちの在籍者の住所が記されています。住民票の住所を戸籍にリンクさせるシステムで、引っ越して住民票を移した履歴も（その戸籍が作られたとき以降は）すべてわかります。つまり、住民票をきちんと移していてくれればですが、その附票に記された最新の住所地に、音信不通のきょうだいはいま住んでいるとわかるのです。

戸籍の附票で見つけ出したはずの相続人に、やはり連絡がとれない場合には、家庭裁判所に「不在者財産管理人」を選んでもらって「遺産分割」を進めるしかありません。

29 法定相続情報証明制度 その利用のしかたを説明します

◉複数の手続きを法務局認証の「一覧図」で一括・カンタン処理できます。

相続人が相続した銀行預金の「名義変更」「払戻し」や「不動産の移転登記」などをするには、被相続人（亡くなった人）の出生から死亡時までの戸籍（戸籍の中に登載者がいなくなった場合は除籍）の謄本（全部事項証明書）をすべてそろえなければなりません。

しかし、名義変更を要する遺産が不動産や銀行預金など多数にわたると、前もって必要な数だけ戸（除）籍資料一式をそろえるか、あるいは一件ずつ手続きをおえるごとに資料の返却を受けてから次の手続きに進むか、いずれにせよ手間・暇・費用がすごくかかってしまうことになります。**「法定相続情報証明制度」**は、相続手続きにかかるこのようなコストを軽減するために設けられました。

といっても、最初に一度だけは亡くなった人の戸籍資料一式を集める手間をかけ、さらに亡くなった人と法定相続人全員の関係を示す図（法定相続情報一覧図）も作成しなければなりません。しかし、そのあとは法務局にその図を保管しておいてもらい、必要があるたびに交付を受けて相続手続きに使うことができます。その図を窓口に提出すれば、いちいち戸籍の束を集めて持ちこむ必要はありません。

◉具体的な利用手続

①――次の三つの□・の書類を法務局へ提出します。

□・被相続人が生まれてから亡くなるまでの一連の戸（除）籍謄本

＊ 結婚や転籍、戸籍の電子化などで作り変えられた戸籍をさかのぼってつなげ、そろえたもの。

□・その戸籍の記載にもとづいて相続人が作成した法定相続情報一覧図

＊ 作成は相続人の親族や弁護士、司法書士、行政書士、税理士などの代理人がしてもOK。

□・被相続人の最後の住所を確認するための住民票の除票など

＊ 提出をする法務局は、次の地を管轄する法務局のいずれか。代理人による提出でもよく、郵送で提出することもできます。

i・被相続人の本籍地　ii・被相続人の最後の住所地

iii・申出人の住所地　iv・被相続人名義の不動産の所在地

② 登記官が①の内容におかしな点がないか確認し認証文を付した「法定相続情報一覧図」の写し（＝被相続人○○○○法定相続情報）を相続人に交付します。

- **何通でも必要な通数が交付され、手数料はかかりません。**
- **提出した戸籍謄本等は返却されます。**
- **「一覧図」の保管期間（5年間）内なら写しの再交付もしてもらえます。**ただし再交付の申出ができるのは、当初に「一覧図」の保管等申出をした相続人のみ。他の相続人が再交付を申し出るには、当初の申出相続人からの委任が必要です。

◉ 相続手続きを進めるには他の文書も必要です。

この「法定相続情報」を相続手続きの窓口に提出すれば、いちいち戸籍資料一式をそろえて持ちこむ必要はなくなります。ただ、預金の名義変更や相続登記などが、この文書を提出しただけで終わるものではないことはもちろんです。遺産の受取り先（誰がどの遺産を受け取る権利をもつか）を証明する「遺産分割協議書」、あるいは「遺言書」、相続を放棄した人がいるときは「相続放棄申述受理証明書」なども必要となります。

〔サンプル〕　　　　　　　　　　　　　法定相続情報番号　０００００－００－０００００

> 法務局で番号をつけて保管・管理。

被相続人甲野太郎法定相続情報

最後の住所　○県○市○町２丁目６番地
最後の本籍　○県○市○町○丁目○
出生　昭和１３年５月２８日
死亡　令和元年○月○日
(被相続人)
甲　野　太　郎

住所　東京都○○区○町４丁目７番５号
出生　昭和４１年１０月１２日
(長男)
甲　野　一　郎

住所　○県○市○町２丁目６番地
出生　昭和１７年７月２日
(妻)
甲　野　春　子

住所　○○県○○町１丁目２番３号
出生　昭和４３年３月８日
(長女)
乙　川　夏　代

> 亡くなった甲野太郎さんと法定相続人である妻の春子さん、子の一郎さん、夏代さんとの関係を示します。

以下余白

作成日　令和元年○月○日
作成者　行政書士　丙山和雄　㊞
事務所　東京都○○区○町２丁目１番

これは，令和元年○月○日に申出のあった当局保管に係る法定相続情報一覧図の写しである。

令和元年○月○日
○○法務局○○出張所

登記官　　　　丁原　登記夫　［職印］

> 法務局で戸籍と照合してチェック済みということです。

注）本書面は，提出された戸除籍謄本等の記載に基づくものである。相続放棄に関しては，本書面に記載されない。また，相続手続以外に利用することはできない。

整理番号　Ｓ０００００　１／１

> 相続人の数が多ければ複数枚で作ります。

5章

「親のお金」相続その前に？

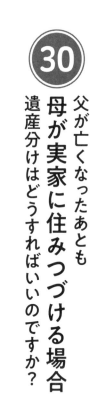

30

父が亡くなったあとも母が実家に住みつづける場合遺産分けはどうすればいいのですか？

母親がその家に住み続けたいのならその意向を尊重し、子は「2段階の相続」で受け取る段取りを考えましょう。

◉ **不動産の相続は「切り分ければいい」と言うのは簡単ですが、いろいろと面倒くさいことがついて回ります。**

遺産のなかでは不動産と銀行預金が大きな割合を占めるのが通常のことです。とりわけ都市部では不動産資産をお金にしたとき億を超える数字となることが珍しくありません。それゆえ相続では、不動産をどうするのか？　実家の土地はどうなるのか？　相続人にとっては大きな資産を手に入れるチャンスでもあるわけですが、それまで絆の深かったきょうだいや母子に亀裂が入っていくこともあるときはあるのです。

たとえば関口さんのお宅では、父親が亡くなり、父親名義の家と土地は母親（亡くなった父親の配偶者）と子とで相続することになりました。

　父親は遺言で指定を残していませんでした。それゆえ決まっているのは「法定相続の定め」だけ。それに習えば、母親＝2分の1、子＝2分の1の相続分となります。きょうだいは2人。お金と違って不動産は分けるといってもそう簡単にすっきりと分けられません。もっとも土地なら「分筆《ぶんぴつ》」といって「新しい境界線」を引いて別々に所有することもできますが、切って小分けにすると利用価値が下がるとされ、値が落ちてしまいます。土地の切り方に気をつけないと公道に接しない土地が生じたり、そもそも建物が建てられなくなる場合も出てきたりします。さらに、測量から登記までの費用がけっこうかかります（数十万円程度）。あるいは「共有《きょうゆう》」といって、物理的に切り分けるのではなく権利（所有権）を各所有者の持分に分けてもつというバーチャルな分け方もありますが、こちらは物件を売るときや貸すときに他の共有者の合意を得なければならず、あとあとの処分が面倒くさいので、なるべく避けた方がいいといわれています。

◉相続することになった家や土地を分けるとき親子と言えども話がこじれることはよくあります。

父親が亡くなった関口さんの東京都M区の家では、父親名義の居宅と土地をどう分けるのかという問題は、同時にこれから先、「残された母親がどこで暮らすのか?」という問題と重なるものでした。そこで母親と子供2人で話合いがもたれました。

たとえば、子の1人が母親を引き取って面倒をみる。あるいは母親の選択として今回の相続で得られたお金で都心の駅近マンションや介護付き保養地マンションを買って移り住む。いずれにせよ実家を空き家にできるのなら、その家と土地を売ってお金に換え、相続人で分け合う（そういう分け方を「**換価《かんか》分割**」といいます）。それとも家は貸し出すか空き家のまま残すか。とりあえず家は壊して更地にして有効活用を検討してみる……。

結果的には母親本人の意向をなにより尊重するべきだろうと話がすすみ、「母親はそのまま住み慣れた家で暮らす」方向でかんがえようということになりました。

ではこの家と土地の所有権は相続人3人でどうわけあうのか。そこが焦点になってきました。

◉亡くなった父親の遺産である不動産を母親が丸ごとうけ取って（相続してしまい）埋合わせのお金を子供たち（他の法定相続人）へ渡す方法もあります。

実家の不動産の評価額とその他にある遺産の額では、不動産の評価額が圧倒的に大きいことはよくあることですが、関口さんの場合も宅地100坪近くということで評価額は億超えとなり、他の遺産も加えると、分け方1つで相続税が大きく違ってくるということも検討課題に入ってきました。何よりもまず、母親が不動産を丸ごと受け取ってしまうと、母親の相続額は遺産総額の2分の1をはるかに超えてしまい、子がもつ遺留分すら侵害してしまいかねないことが問題となりました。

杓子定規に法定相続の決まりを守るのなら、母親はその法定相続分からの超過分を他の相続人（子2人）に補てんしなければなりません。そのためには家と土地のほかにある遺産（たとえば預金）を子に優先的に受け取らせ、足りなければ母親が自分名義でもつ財産を取り崩して子に与えなければなりません（そういうふうにして相続人間の受取り額の帳尻を合わせるやり方を**代償分割**と呼びます）。

母親本人が自分の預貯金をもち、そのお金で子供たちへの相続分補てんをできるのならいいのですが、関口さんの場合、夫婦の財産の多くが夫名義になっています。まだ70代の母親の老後資金の確保という先々の心配も無視するわけにはいきませんでした。

◉ 相続人全員賛成なら法定相続の規定を「無視できます」

関口さんの父親の死により生じた相続では、こんな結論を出しました。今回の相続では、法律の規定など無視して、母親に家と土地をまるごと継がせ、「代償金の支払いなんか子は求めない」「遺留分のことも問わない」ということにしました。子の2人は今回の相続（**1次相続**）では母親のために不動産の受取りはあきらめ、遺産のなかの現金も相応に母親に回してやる。そしてやがては訪れる母が亡くなったときの相続（**2次相続**）で、改めてこの家と土地（残っていれば現金も）を取得する、という選択をしたのです。もちろん子の方が親よりも先に逝く逆縁もありうるわけですが、仮にそうなっても子に子（親からすれば孫）がいれば**代襲《だいしゅう》相続**によって、亡くなった子が受けられたはずのものをそのまま受け取ることができます。こういう分け方をして「母親存命中はそのまま実家に住み続けられる」ようにすることはよく行なわれています。

◉ 相続税は「2次相続まで通算」して考えよう。

関口家の母と子のような分け方をすると、税金面でもいいことがあります。

亡くなった人の配偶者は1億6000万円または法定相続分の額（そのどちらか高い方）までの遺産の受取りについては相続税を払わずにすむことになっています。

母親は法定相続分である2分の1を超えて受け取っても、その額が1億6000万円以下なら相続税はゼロとなります。

子らもまた、自分たちの受取り額が減ったぶん、相続税の額も減ります。遺産の受取り額が基礎控除額＝3000万円＋法定相続人の数×600万円の範囲内なら、こちらも相続税はゼロです。**ただし、この話には落とし穴があって、この回の相続（1次相続）はよくても、いずれやってくる母親からの相続（2次相続）では、税務署からしっぺ返しをくらうことになるでしょう。**つまり1次相続で母親が多く受け取った分だけ、2次相続では母親からの相続額が大きくなる。そして基礎控除の額は、1次相続では母親も含めた3人分＝4800万円でしたが、母親が亡くなったときの2次相続では、基礎控除額は子2人の4200万円に減ります。

結局、**1次相続と2次相続を通算してみると、1次相続のときにもっと多く子らも遺産を受け取っていた方が2次相続も合わせたときの税額が少なくてすんだのに……ということが起こります。**目先の節税効果に目を奪われて母親に極力多く受け取らせるのは、将来の2次相続のことも考えれば正しくないということです。

もちろん、これは母親の受け取った家と土地とが母親死亡時にもそのまま保持され、価格も下落していないことが前提。たとえば母親がこの自宅を売って現金化し、高級老人ホームへ入る入居金に使ったというのならまだしも、世界一周豪華クルーズで散財、投資にはまって大失敗などなどの事情があれば、子が相続する額は減り、相続税の心配をする必要など消え去ってしまうかもしれません……。

代襲相続が生じる場合

子が親に先立って亡くなった場合の孫への相続

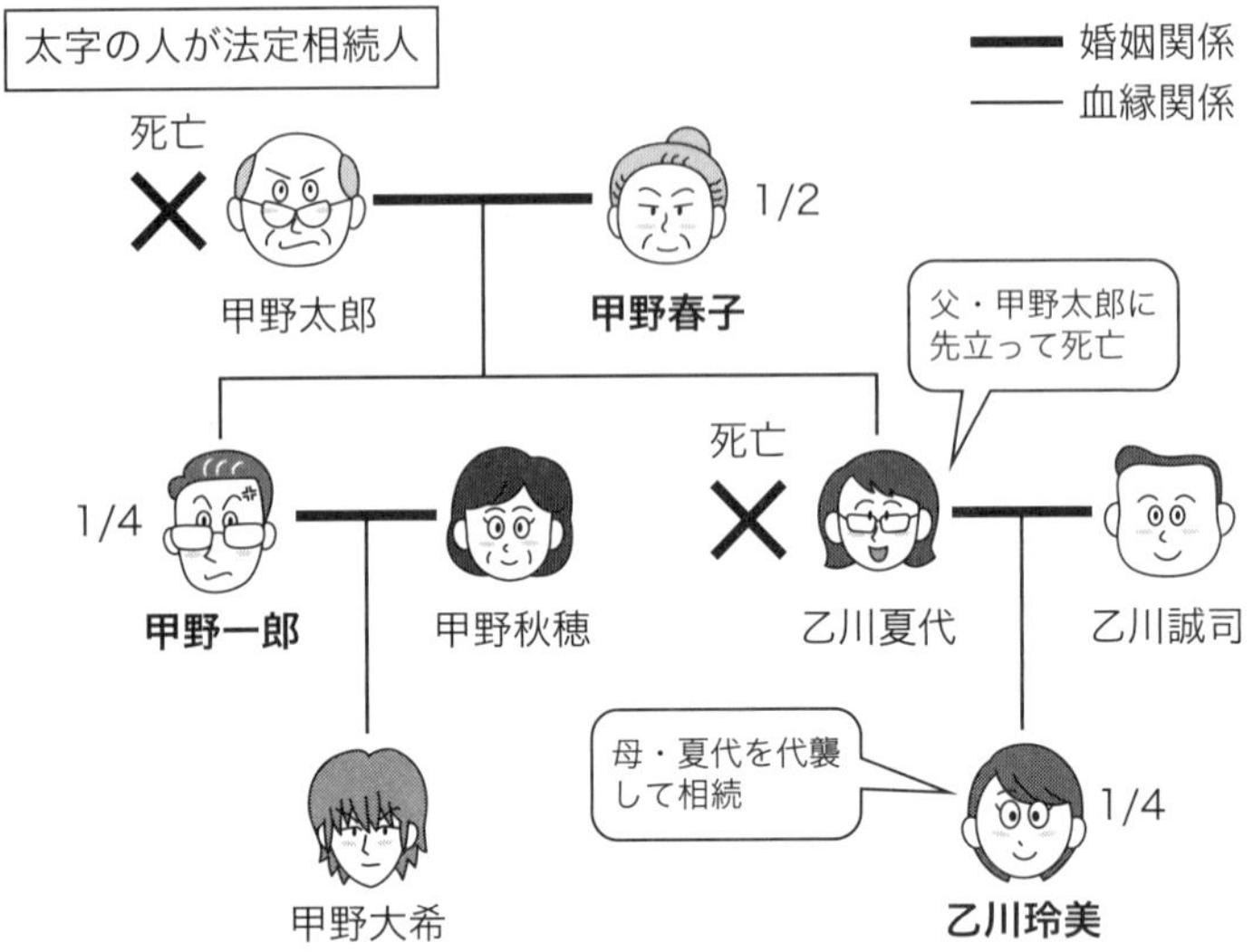

1次相続・2次相続と相続税額 ＊左ページに続く

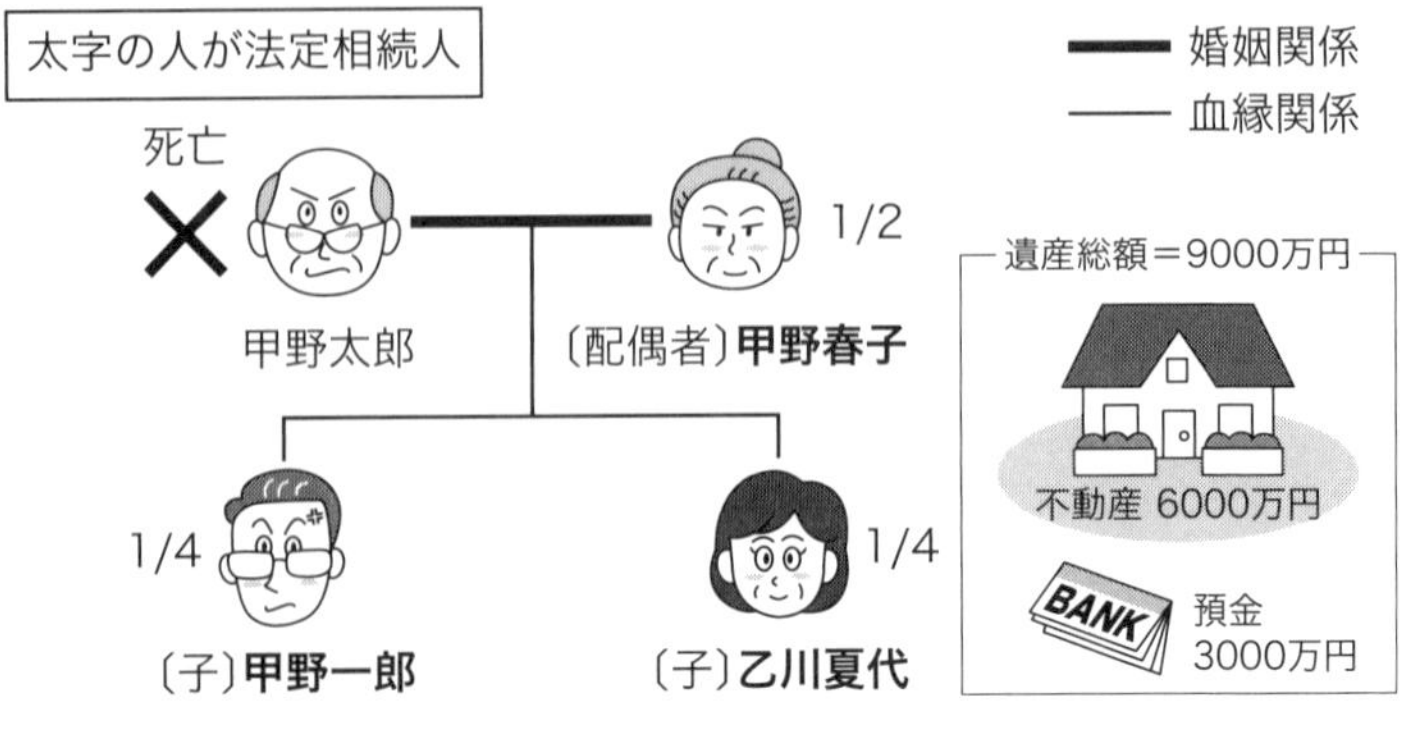

相続税の支払い合計を比較してみます ＊右ページ下から続く

①1次で節税するコース

1次相続で不動産をまるごと取得。配偶者控除で税額0に。

春子死亡時の子2人の相続。預金はそのまま残っていたと仮定。

	1次相続	2次相続	税の合計
 甲野春子	不動産6000万円＋預金1000万円＝7000万円（税0）	相続 →	
 甲野一郎	現金1000万円（税70万円）	不動産3000万円＋現金500万円＝3500万円（税160万円）	230万円
 乙川夏代	現金1000万円（税70万円）	不動産3000万円＋現金500万円＝3500万円（税160万円）	230万円

②2次で安くなるコース

こちらは法定相続分どおりに遺産分け。

1次相続では税額が高くても、2次と通算すると①より安くすむ。

	1次相続	2次相続	税の合計
 甲野春子	（不動産・現金）4500万円（税0）		
 甲野一郎	（不動産・現金）2250万円（税157万5000円）	（不動産・現金）2250万円（税15万円）	172万5000円
 乙川夏代	（不動産・現金）2250万円（税157万5000円）	（不動産・現金）2250万円（税15万円）	172万5000円

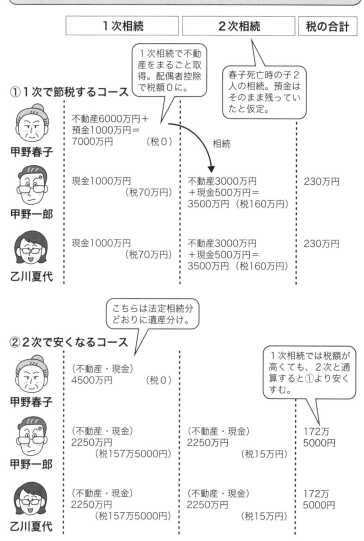

31

「父親名義の不動産」の相続で母親は「配偶者居住権で住み続ける」ってどういうこと？

◉ **宮崎さん84歳が亡くなり、宮崎さん名義の家と土地は、奥さんが家を、息子と娘さんが土地を相続することにしたのですが……。**

母親が家も土地も相続すると、あまりに子の受取額との差が開くので、土地と建物を子と母親で別々に受け取ったとします。そのまま土地上の建物のために借地権を設定もしないでいると、その土地に立つ建物は法律的に極めて危険な状態に置かれることになります。「土地の所有者である子」がその気になれば、母親に対して立退き要求をして、家を取り壊させることすら形式上はできてしまうということです。さらにそれを母親が拒否して裁判になることもありえます。「子が母親の生活を破壊するような要求」（権利の濫用）を裁判所は認めないかもしれませんが、子がお金に困って自分の土地所有権を第三者に売ったのであれば話は違ってきます。他人である買主が母親に「建物手放すしかないでしょ」と要求してくれれば、裁判所もこれを認めざるを得ないという青写真が浮かんできます。

◉「配偶者居住権」が新設されました

世の中どこの親子も良好な関係にあればいいのですが、そうもいかないケースがしばしばあります。たとえば、子が経済的に窮迫して親を実家から追い出してでも「お金を手に入れなければならない」となったらどうでしょうか？　追い詰められた子は遺産分割の段階から母親が実家を受け取って住み続ける選択に反対し、代償金を支払えないのなら実家を売って、自分に法定相続分どおりのお金をよこせと強硬に主張するかもしれません。そうなると1人残された母親は、住み慣れた家を離れて別の土地のアパートへ引っ越さなければならなくなるかもしれず、あるいはなさぬ仲の嫁がいる息子の家に双方が不満を抱えながら引き取られることになり、老いた身にはなかなか辛そうな日々の光景が立ち上がってきます。

問題の焦点は、ひとえに年老いた配偶者（亡くなった人の妻・夫）が自宅にそのまま住み続けるためにその所有権をまるごと相続してしまうと、他の相続人の受取り額との差が大きくなりすぎ、スムーズにコトが運ばなくなるということ。この問題点を解消するため、民法が改正されて「**配偶者居住権**」という権利が新しく設けられました（民法１０２８条……

施行は２０２０年４月１日から）。

◉「配偶者居住権」を設定して、母親は夫亡き後の家に住み続けます

この権利は、**亡くなった人と同居していた配偶者（妻または夫）がその家の所有権を受け継がなかったときでも、「配偶者居住権」を得ておけば、自分が生きている限りはそのまま住み慣れた家に無料で住み続けることができる**――というものです。

たとえば、相続が生じたあとの遺産分割で、母親は亡くなった父親とずっと住んできた家と土地の所有権を子に譲るかわりに、その家についての「配偶者居住権」を設定してもらいます（この権利を登記する義務が家の所有権を得た子にはあります）。これによって母親は自分が亡くなるまでその家に住み続ける権利を保証され、万が一、所有者である子がその家を売った場合にも、買主に対して自分の居住権を主張することができます（こういうケースでは買う人が現れるとも思えませんが……）。それによって所有者である子の方は、母親が亡くなって「配偶者居住権」が消滅するまではその家を自分で利用することはできないということになります。

◉「配偶者居住権」も相続財産として値付けされます

この「配偶者居住権」はそのように長期の居住権を保証するものですから、一定の経済的価値をもつものとされます（それを取得する配偶者の年齢から平均余命までの年数＝すなわち配偶者居住権の推定存続年数などをもとに、所有権まるごとの価格よりは安く割り引いた価格）。

また、その家が建っている土地は子の所有するものとなるわけですが、「配偶者居住権」が設定されると、配偶者はその土地上の家に住むための敷地利用権も得ることになり、これについても「値がつけられます」。この敷地利用権があるおかげで、仮に土地の所有者＝子が第三者に土地を売ったとしても、配偶者＝母親にはその買主から家を取り壊して出ていけといわれる心配も地代相当額を払えといわれる心配もありません。

ところで、配偶者が亡くなった人とともに住んでいた家は、配偶者もその所有権を持分としてもっていることが珍しくありません（たとえば夫婦が半々の割合で共有しているなど）。そうであるのなら、別に「配偶者居住権」など設定してもらわなくても、配偶者はその家に住み続けることに不安はないのではないでしょうか？

そんなふうに単純に考えると間違いです。相続によって残りの持分が子のものとなり、子がこれを「第三者に譲渡」してしまうと、その第三者（この者にもその家を利用する権利がある）から「家を長期に渡って使い続ける賃料相当額を支払え！」という請求がくるということもあり得るのです。さらに悪くすれば「共有物分割請求」（民法256条）により、結局「その家を売りに出す」しかなくなることだってあり得るのです。しかし、共有持分とともに「配偶者居住権」も得ておけば、その家がまるごと他人に売られてしまった場合ですら「居住権が守られる」のですから、不安はゼロということになります。

◉揉《も》めたときは家庭裁判所が審判します。

「配偶者居住権」を設定したときには、それ自体の評価額と敷地利用権の評価額を足し合わせた額を配偶者（母親）が相続によって得た扱いになります。それは配偶者が家と土地の所有権をまるごと得た場合よりもずいぶん安い値づけとなるはずですから、母親の側にはその安くなったぶんだけ遺産のうちの現金を受け取ることのできる余裕が生まれます。その余裕を使って現金を受け取り、住み慣れた家の居住権も確保できるという、1粒で2度おいしい設計になっているのが、この「配偶者居住権」のアピールポイントです。

しかしながら「配偶者居住権」は必ず設定しなければならないというものではなく、あくまで遺産を分ける際に選べるメニューのひとつです。「配偶者居住権」を設定するには、遺産分割時に相続人どうし（子の例では残された宮崎さんの奥さんと子）の話合いによるか、亡くなった人が配偶者のためにあらかじめ遺言を書いて遺贈してあげる方式があります。

遺言がなく、子が母親の希望に反して「配偶者居住権」を認めようとしないときには、母親は家庭裁判所に審判を申し立てれば、諸事情を裁判所が調べたうえで決定を出してくれることになっています。このとき裁判所は、その家の所有者となった者の不利益と配偶者がその家に住む必要とをハカリにかけて判断します。このとき「配偶者居住権」は必ず認めてもらえるわけではありません。

「配偶者居住権」は、連れ合いに先立たれた高齢配偶者を守るための制度です。子としては自らの財産権を親孝行のためにしばらく制限されることになります。

配偶者居住権の利用

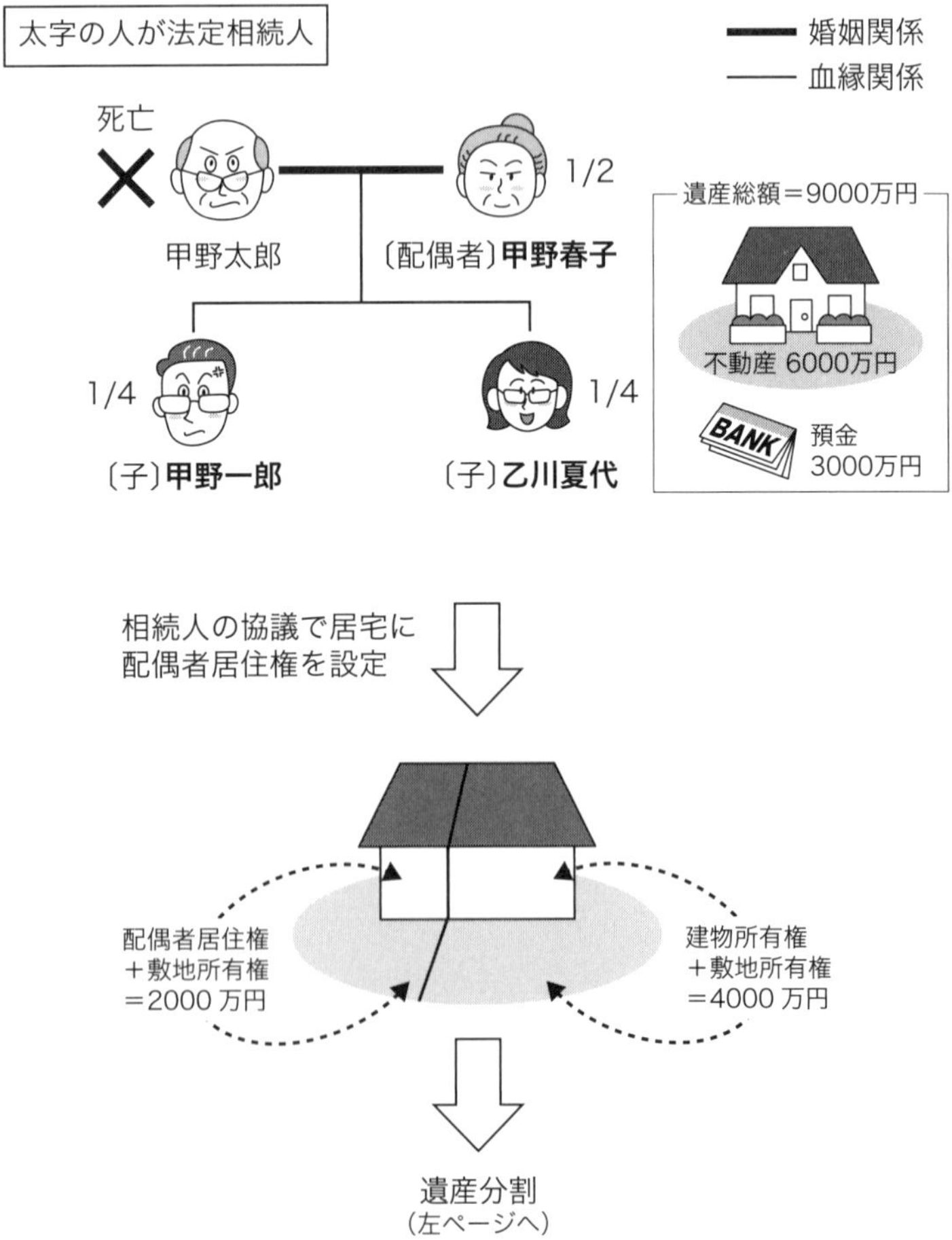

太字の人が法定相続人
婚姻関係
血縁関係
死亡
甲野太郎
1/2
〔配偶者〕甲野春子
1/4
〔子〕甲野一郎
1/4
〔子〕乙川夏代
遺産総額＝9000万円
不動産 6000万円
BANK
預金
3000万円
相続人の協議で居宅に
配偶者居住権を設定
配偶者居住権
＋敷地所有権
＝2000 万円
建物所有権
＋敷地所有権
＝4000 万円
遺産分割
（左ページへ）

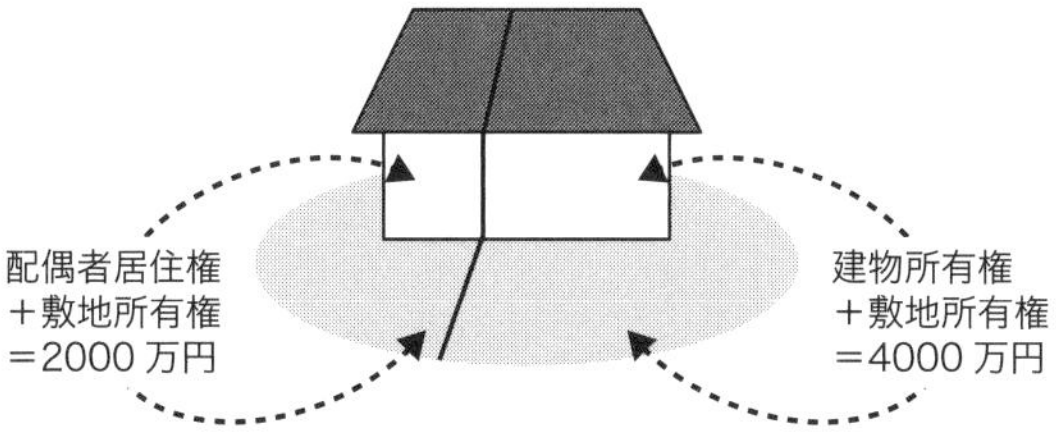

遺産分割

	1次相続	2次相続	税の合計
甲野春子	**居住権**(＊)2000万円＋預金2000万円＝4000万円 (税0)		
甲野一郎	不動産所有権2000万円＋預金500万円＝2500万円(税約133万円)	**居住権**1000万円＋預金1000万円＝2000万円 (税0)	約133万円
乙川夏代	不動産所有権2000万円＋預金500万円＝2500万円(税約133万円)	**居住権**1000万円＋預金1000万円＝2000万円 (税0)	約133万円

居住権を2000万円とし、預金2000万円を得ても法定相続分の範囲内

相続

1次で子の受取額が多い分、2次との通算が安くすむ

（＊敷地利用権も含む）

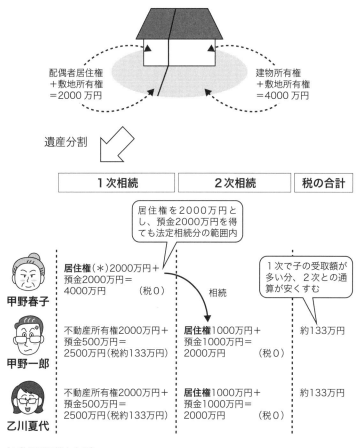

32 親が「妹1人だけに遺産をすべてやる」と遺言に書いたら姉の私の相続はゼロになるのでしょうか？

亡くなった親の一定範囲の遺族には「遺留分」という必ず受け取れる相続分が保障されています。

◉ **相続での「えこひいき」はOKです。ただし「限度」もあります。**

親が残した遺言状を開いてみたら、きょうだいのうち1人だけに遺産の大部分を受け取らせる指示が書いてありました――。集まった相続人たちは息を呑み、顔を見合せ、空気が凍りつく瞬間をむかえたのかどうかはさておいて、親には自分の財産を、自分の思い通りに分け与える権利があります。子の1人だけを厚く遇するにはそれなりの理由がありもするのでしょう（でも冷たくされた方としては納得のいかないことでしょうけどね！）。

きょうだいの「均分相続」というのは、亡くなった親が遺言を残していない場合に採用されます。親が遺言を書くのなら、自分が亡くなったあとの財産の行き先を親の意思で思うように指定することができます。たとえば、子が複数いるのに特定の1人だけをえこひいきいきするということもできるわけです。なぜなら相続では遺言書があれば基本的に書かれたそのとおりに遺産を分けなければならないからです。

　しかし、えこひいきにも限度というものがあります。たとえば「相続人の１人に遺産の全部を与える」というような、極端な分け方はできないことになっています。

　正確に言えば、そういう極端な指定も、すること自体はぜんぜんかまわないのです。不利な扱いをされた側の相続人が黙って親の言うことをきく場合は遺言どおりの分け方になっていきます。

◉「遺留分」は絶対的な遺産の受け取り保障分です。

　しかし、亡くなった親にいちばん近しい関係の遺族（配偶者と子、あるいは子がいないので相続人となる場合の親の親）は、遺言書にまったく遺産を受け取れない内容の指定があったときでも「遺留分《いりゅうぶん》」という「絶対的な遺産の受取り保障分」だけは「受け取ることのできる権利」が認められています（民法１０４６条）。親が遺言で贈与（遺贈）をする相手が特定の子など相続人ではなく相続人以外の親族（たとえば亡くなった親のきょうだい）、あるいはまったくの他人であった場合にも、その受取人（受遺者）に対して「侵害された遺留分をこちらに戻せ！」と要求する権利は同様に認められています。

侵害された遺留分の支払請求

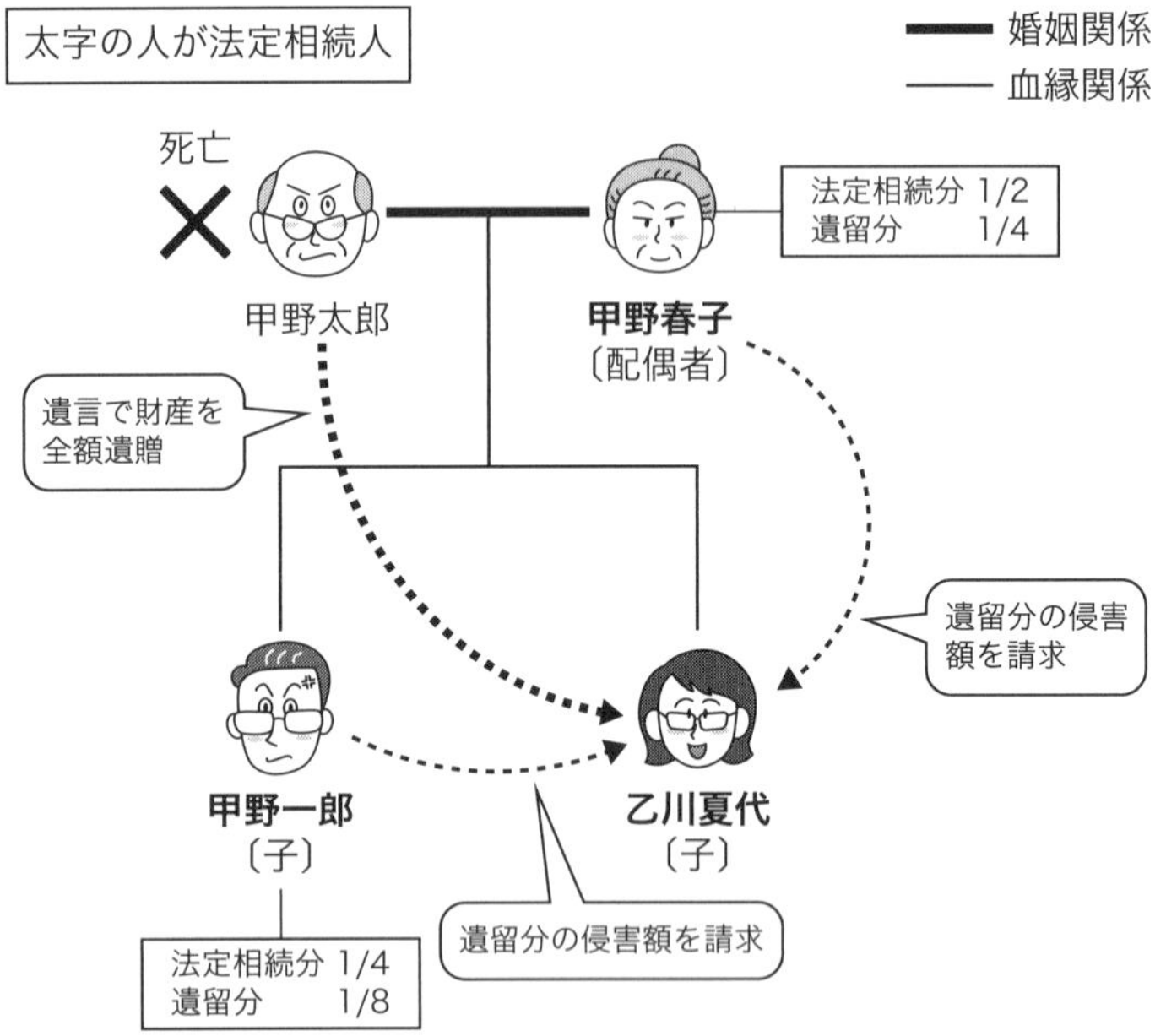

	法定相続分	①遺言による指定相続分(実際の受取り分)	②遺留分	侵害されている遺留分(②−①)
配偶者	1/2	0	1/4	1/4
子(甲野一郎)	1/4	0	1/8	1/8
子(乙川夏代)	1/4	全遺産		

侵害額の支払いを請求できる

33 遺留分の取戻しは「お金の精算」でします それは「遺留分侵害額請求権」といいます

◉遺留分の割合は、子の場合、本来受け取れる法定相続分の1／2です。

亡くなった人の配偶者と子を合わせた遺留分の全体は、遺産全額の1／2と決められています。これを配偶者と子が法定相続分の1／2ずつに分け合って、子の側の遺留分は1／4となります。子が2人いれば、1人あたりの遺留分は頭割りで1／8。この部分に限っては、親が他の誰かに遺産の全部を与える遺言を残していても、その指定に従わずに「自分によこせ！」といえるわけです。

ただ、遺言に従わないといっても、たとえば遺産の大部分を占める不動産がまるごと他のきょうだいに与えられた場合であれば、その不動産そのものが他のきょうだいの所有物になることを否定できるわけではありません。そうした場合は、お金で「遺留分にあたる額を払い戻して精算しろ！」と、不動産を受け取ったきょうだいに対して請求できるだけ。

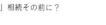

これが「**遺留分侵害額請求権**」というものです。

「**遺留分侵害額請求権**」は、2019年7月1日から施行された民法の改正点です。改正前には遺留分にあたる割合だけ不動産そのものの共有持分を取り戻せていたのをやめて、お金の支払いでカタをつけることにしたのです。

◉ 親の遺言により「家業の会社の株の全部」を「子の1人が後継者として受け取った」場合――。

親の遺言により家業の会社の株の全部を後継者として受け取った子がいた場合、他のきょうだいから遺留分の侵害をアピールされると、法改正前にはその遺留分にあたる分だけはそのきょうだいにも会社の株を持たれてしまうことになりました。それでは会社の事業承継が円滑に進みません。不動産の例では、年老いた妻に共に住んでいた家をまるごと与える遺言をして「今後の人生を安心して過ごせますように」と図ったのに、親不孝な子が遺留分を主張してその家の共有持分を手に入れ、親の追い出し＝家の売却＝現金ゲットをもくろむ、などということができてしまいます。

もっとも共有持分があっても「現に住んでいる人を追い出す実力行使」などできるわけもありませんが、共有者となった子にもその家に住む権利はあるので、その権利をタテに圧迫を加えたり、自分が住めない代償として「賃料相当額をよこせ！」と要求したりすることが可能ではあるのです。

そんな気の滅入る事態が起きないよう、**遺留分の侵害は必ずお金で精算してカタをつけ、遺言で受け取ったもの自体は丸ごと受け取ったままにできるように法律の規定が改められた**というわけです。といっても、そもそもその精算金を用意するのが簡単ではなかったりもするので、とりわけ「残された高齢の配偶者」の保護を目的とした「**配偶者居住権**」の創設などが、同じ民法改正によって行なわれました。

◉ 生前贈与も「遺留分侵害額請求権」の対象となります。

遺留分侵害額の支払請求は、遺言によって特定の相続人に過大な遺産が渡された（＝遺贈された）とき以外にもできる場合があります。

1つは、「被相続人（親）が生前、特定の相続人に対して贈与（生前贈与）をし、そのために死亡時の財産額が減った」ときです。

☞ **贈与を受けた者以外の相続人が相続できた額が、その生前贈与がなかったと仮定したときの遺産額（みなし相続財産額）をベースに計算した遺留分の額を下回った場合、その差額**

（＝遺留分の侵害額）の支払いを生前贈与を受けた相続人に請求できます（ただし亡くなる10年前までにした贈与に限定）。

2つめは、「被相続人が『相続人以外の人』に対して生前贈与をし、そのために死亡時の財産額が減った」ときです。「相続人以外の人」とは、親族ではない赤の他人や法人組織、親族であっても法定相続のルール上相続人とはならないときの（亡くなった人の）親やきょうだいなどのことです。

☞ **相続人が相続できた額が、右と同じように生前贈与がなかったと仮定して計算した遺留分の額を下回った場合、その差額の支払いを生前贈与を受けた人に請求できます（こちらは亡くなる1年前までにした贈与に限定）。**

遺留分の請求権が及ぶ生前贈与の期間を短く限る理由はというと、せっかく大きな贈与をしてもらっても贈り主が亡くなれば相続人から遺留分の返済を迫られてしまうとなれば気が気ではなく、返済金の準備も必要で、非常に不安定な立場に置かれることになるからです。だから、贈り主が亡くなる1年前までに駆込みのようになされた贈与に限定して、相続人からの遺留分侵害額請求を認めることにしました。

遺留分の額の出し方

〔配偶者と子が相続人となる場合の遺留分〕…民法 1042 条

＊配偶者の遺留分
遺産全額の 1/2
（子と合わせた遺留分の全体額）
× 1/2（配偶者の法定相続分）
＝**1/4**（配偶者の遺留分）

＊子の遺留分（2人いる場合）
遺産全額の 1/2
（配偶者と合わせた遺留分の全体額）
× 1/2（子の法定相続分）
× 1/2（1人あたりは頭割り）
＝**1/8**（子1人あたりの遺留分）

上の各人の遺留分率を下の**「みなし相続財産額」**（上の「遺産全額」と同じ意味）に掛けて、各人の遺留分を金額として出します。

×

〔遺留分算定のベースとなる亡くなった人の「みなし相続財産額」〕

相続開始時の所有財産

現実に残された遺産。

＋

相続人以外に贈与された財産
（相続開始前1年以内）
＊1年より前になされた贈与でも、当事者が遺留分侵害を知って贈与した場合には加えます。

相続人に贈与された財産
（相続開始前 10 年以内）
＊民法の規定上は生前贈与のうち「生計の資本として」または「婚姻・養子縁組のため」の贈与のみに限られていますが、名目はどうであれ大きな額であれば加えることがあります。
＊10 年より前になされた贈与でも、当事者が遺留分侵害を知って贈与した場合には加えます。

生前贈与で流出して消えた額を計算上の処理で戻します。

－

債務の額

亡くなった人が負っている借金は引きます。

34

相続人への生前贈与も10年より前は遺留分請求の対象外となります

◉ **相続人に対する生前贈与では「亡くなる10年前まで」と比較的長く定められているのはなぜか。**

親が生前、財産の大半を他人に贈与してしまった場合、相続人は親が亡くなる1年前までの贈与についてしか遺留分の払戻し請求ができません。これが相続人への贈与であれば、その請求可能期間は「なくなる10年前まで」と長くとってあります。これは、遺産はなるべく公平に分けるべしとする身内に働く規律のあらわれです。

それでも「亡くなる10年前まで」に限ったのは2019年7月1日から施行となった改正点で、改正前は「相続人となる者への贈与はどんなに遠い過去になされたものであっても遺留分の請求が及ぶ」こととされていました。しかし、それでは贈り主の自由な財産処分権があまりにも制約されすぎるということで、ぎりぎり「亡くなる10年前まで」で線引きをして、相続人間の公平と折り合いをつけたというわけです。

そういうわけで、親がまだ存命中、たとえばむかし世話になった恩人に全財産を渡してしまったという場合、その時期が亡くなる1年前までなら子は自分の法定相続分の2分の1の額だけはその「恩人」に対する遺留分の支払い請求が可能。それより前ならあきらめるほかありません。これが自分の妹などきょうだいに対してなされたえこひいきの生前贈与なら、10年以内かそれより前かで遺留分請求の可否が分かれることになります。

◉期間限定が外れることも

なお、以上のことには例外があって、**「当事者双方が遺留分権利者（遺産をもらえなくなった側）に損害を加えることを知って贈与したとき」には期間の限定がはずれ、どんなに昔にした贈与であっても遺留分を請求できる**ことになっています（民法１０４４条1項）。

「こんな大きな額の贈与をしたら、遺留分の額すら受け取れない相続人が出るな」と贈り主も受取人も承知したうえで、それでもかまわないと思ってその贈与を行なったという意味ですが、もちろんそういう思惑で贈与をしたということは遺留分を主張する側の相続人が証明しなければなりません。

◉ あとになってそんなことを証明できるものか……。

たとえば亡くなった親が二年前に大半の財産を他人にやってしまったという場合を考えてみると、高齢で年金暮らしの親がその後にまた贈与前と同じくらいまで財産額を戻せる可能性はほとんどゼロ。誰もが認める客観状況で、当人たちとて百も承知のことでしょう。

そうすると、相続人が実際に相続で受け取れた額が贈与前の財産額をもとに計算した遺留分額すら下回ったとき、あの贈与は相続人の損害発生を予期したうえでなされたという主張を裁判官は認めてくれそうではあります。認めてくれれば、相続人は贈与を受けた人に対し、贈与前の財産額ベースで計算した遺留分額を払い戻させることができます。

◉ 侵害されている遺留分の額はこれで計算できます。

まず自分の「遺留分の率」に
「遺産全体の額」を掛けて金額としての遺留分を出し、
そこから「実際に受け取れた遺産額を引いた数字」です。

親から子への
相続額減少が生じるケース

親は自分の財産を自由に処分していいという大前提からすれば、親がその財産（お金）をどう使おうと、誰にやってしまおうと、子はその行為自体を無理やりやめさせるわけにはいきません。親が生前にお金を無駄に使ったり、ひとにやったりすれば、相続人となる子は自分の受取り額が減ってしまうわけですが、文句を言っても親が聞き入れてくれない限り事態は改善されません。親が亡くなったあとの相続の段階になって、贈与を受けた相手への遺留分の支払い請求と、もう一つ、親が他の相続人に対して贈与した場合には贈与分の「持ち戻し」という手がとれるだけです（これについては次の項で解説）。

親の財産減少＝子の相続額減少が生じるケースを整理してみると、４パターンあります。

① 親自身の無駄遣いで相続額減少
② 他人への贈与で相続額減少
③ 相続人以外の身内（＝たとえば親のきょうだいや甥・姪）**への贈与で相続額減少**
④ 自分以外の相続人への贈与で相続額減少

①については説得以外に打つ手なし。②〜④については、その程度によって遺留分の支払請求ができます。そして、④については生前贈与分の「持ち戻し」という操作で、相続分を増やして親からの受取り額を回復することが可能です。

35 親が亡くなった後の相続では生前贈与の「持戻し」は含まずに計算されるのですか？

生前贈与の額は相続時の遺産額のなかに「持ち戻し」されます（原則）。つまり「生前贈与された分も含めて」相続額は計算されるということです。最終的に相続人が法定相続の割合で受け取れるようにはかります。

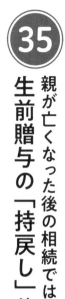

◉相続争いは不公平感があることではじまります。

亡くなった親が遺言を残していなければ法定相続となります。その場合、子の相続分は生まれた順にも性別にもいっさい関係なく均等とされています。それどころか、正式な夫婦の間に生まれた子と不倫の関係でできた子との間にも、いまでは差別がありません（平成25年の民法改正より前には、後者は前者の半分しか相続分がありませんでした）。

相続分に「差別なし」なら、きょうだい間の揉めごともなしだろうと思いきや、そうは問屋が卸してくれません。相続分の割合以外にもいろいろと不公平の種は転がっていて、すぐに争いの芽を吹き出してきます。
よくあるケースをざっくり二種類に分ければ、こんなところです。

① 自分だけ親の介護（あるいは家業の手伝い）をして大変だったのに、相続で他のなにもしていないきょうだいと同じ扱いなのはおかしい。

② ほかのきょうだいは生前に親からお金をもらうなど経済的支援を受けたのに、相続で自分と同じ扱いなのはおかしい。

ただし、これは遺言がない場合の話。遺言があるなら、その指定によって親が子の受取り分に差をつけ不公平な扱いをするのもありふれたことですが、その場合は基本的に遺言の指定に従うしかないので、子が文句を言ってもしかたありません（しかたなくないのは自分の遺留分（いりゅうぶん）まで侵害されたときで、さすがに親の意向に逆らってでも侵害額を取り戻せることになっています）。

きょうだい間に生ずる相続争いのほとんどは、この①か②の不公平感から出ているといっても過言ではないでしょう。

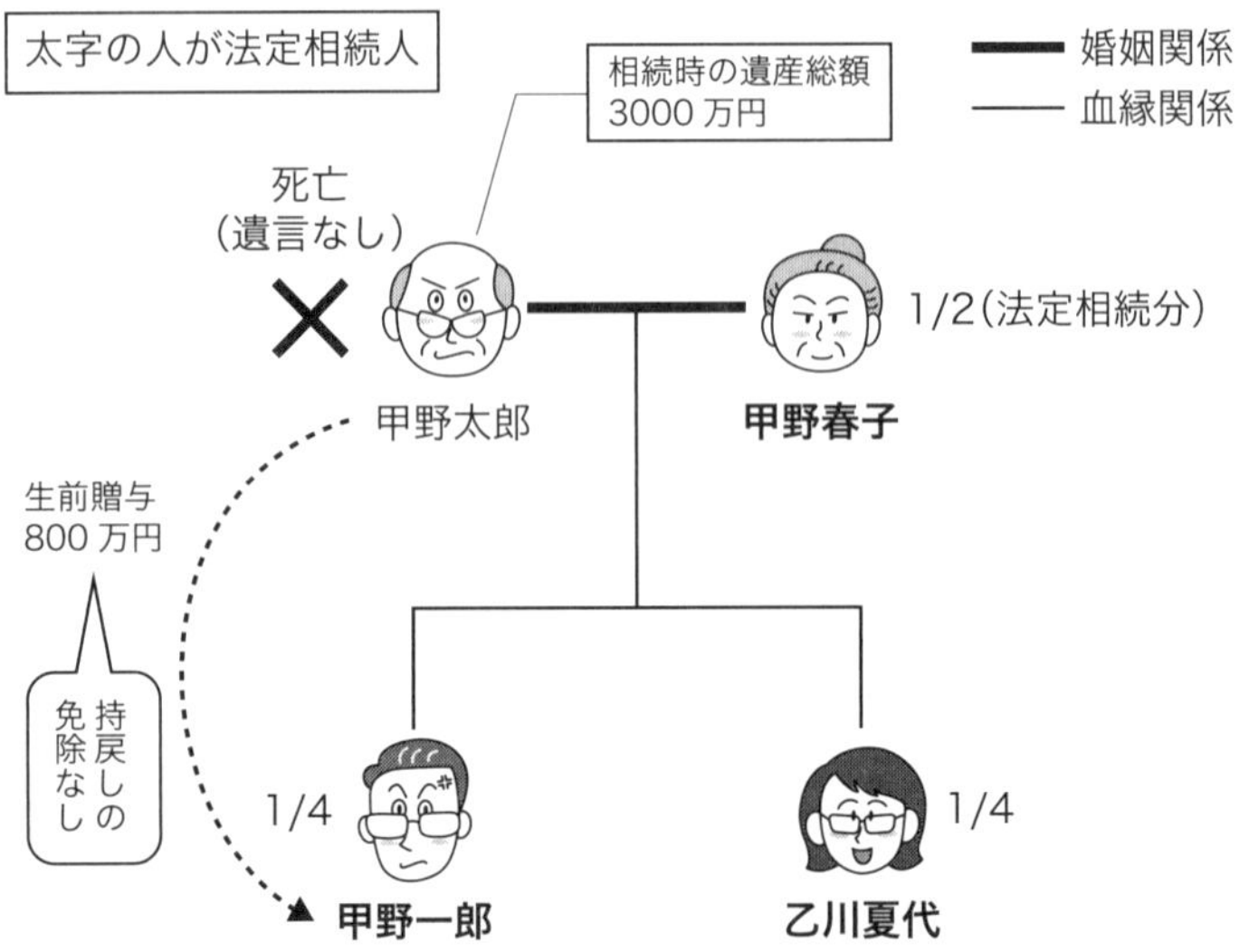

◉ 生前贈与の「持戻し」の計算例

ここでは、②の「特定のきょうだいだけ親から生前にお金をもらうなど経済的支援を受けていた」場合に、当然のごとく起きてしまう相続争いをどのように収めればいいのか、みていきたいと思います。紛争を処理するために法律（民法）は、一読しただけでは恐らくほとんどの人に意味不明なのではと思われる事細かな規定を置いています。

（ちなみに、①の方の問題は、その介護や家業の手伝いが「特別な寄与《きよ》」と認められる場合に限り、貢献のあった相続人の相続分をその寄与分だけ割増しすることで収束がはかられます）。

生前贈与の持戻しによる相続額

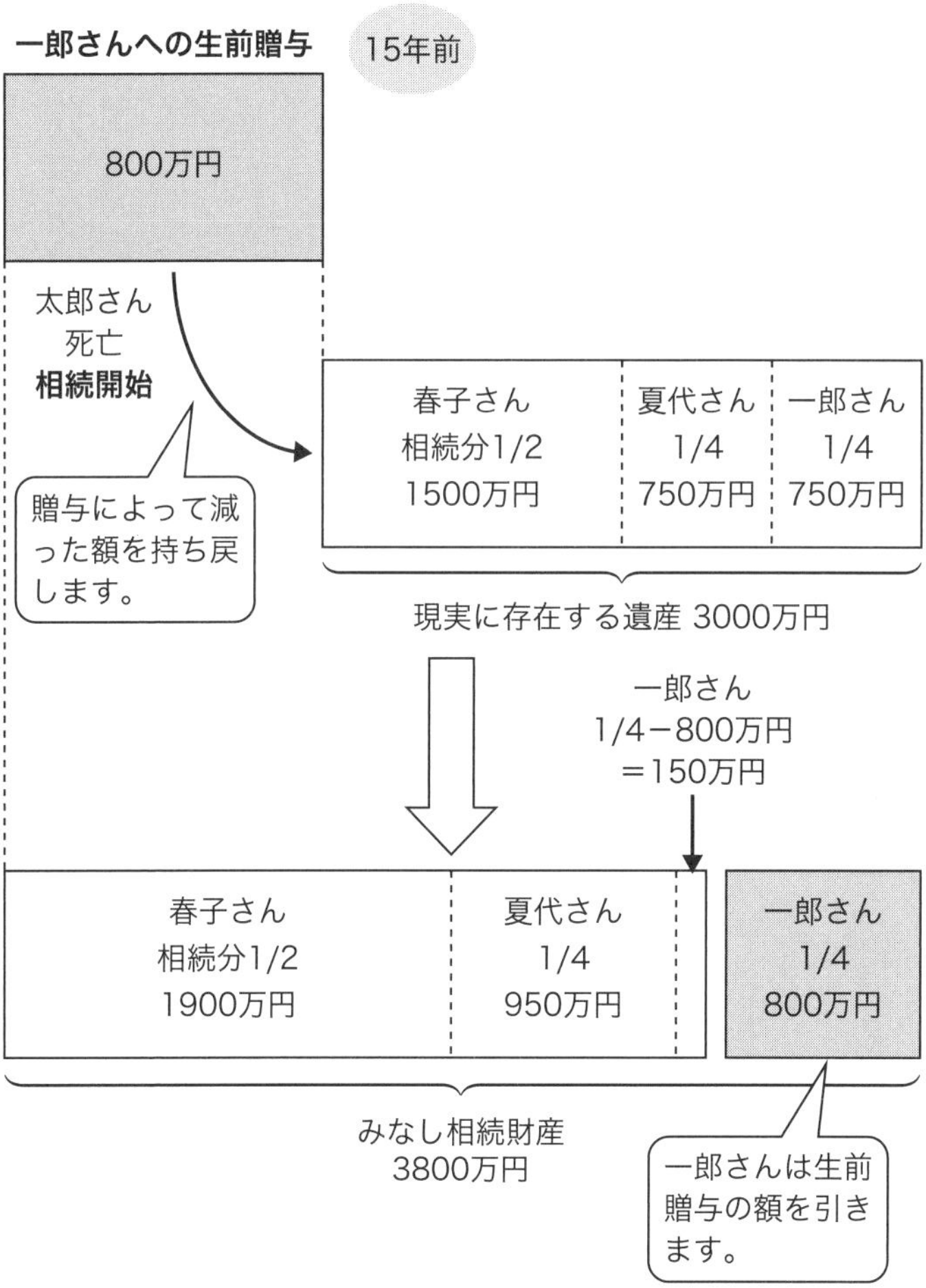

前のページの図のとおり、亡くなった甲野太郎さん（被相続人）には奥さん（配偶者）の甲野春子さんと2人の子（甲野一郎さん、結婚して姓の変わった妹の乙川夏代さん）がいて、甲野一郎さんの方に生前贈与が行なわれている、という例を考えてみましょう。

まず、亡くなった甲野太郎さん（被相続人）の遺言がないので法定相続です。

被相続人の死亡によって相続が開始したときの**遺産額は3000万円**（現実には預金のほか不動産、動産類などもいろいろあるはずですが、説明を簡単にするために分けやすい預金だけ3000万円あることにします）。

子の1人＝甲野一郎さんには、15年前、**800万円ほど生前贈与**（一郎さんの営む会社への資金援助）が行なわれています。

この800万円をそのまま別扱いにして、相続時に残されていた3000万円を法定相続の規定にしたがって分けると、**配偶者の春代さんの受取り額は法定相続分1／2にあたる1500万円。**

子の一郎さんと夏代さんは1／2の頭割りで1／4、**750万円ずつの受取り額**となります。

この割合自体は民法の決まりどおりなので文句の言いようもないのですが、一郎さんは父親から生前贈与で８００万円もらっているのだから、それと合わせれば、結局、**父親の財産から1550万円**を受け取っていることになるわけです。

これに対して妹の夏代さんは７５０万円ぽっきり。きょうだいは親の財産を均等に受け取れるのがあたりまえという意識があると、「兄さんは先に父さんから８００万円ももらっているのに、相続でぜんぜんそれが関係なしなのはおかしい！」……と不満を抱いてしまうでしょう。

それはまことにもっともなことで、そういうときには生前贈与の「**持戻し**《もちもど》」という操作をして「遺産の配分額の計算をやり直しなさい」というのが民法の定めたルールです。

生前贈与で甲野一郎さんに渡された800万円という流出額を、現に残っている遺産額（３０００万円）のなかに戻して、生前贈与がなければ存在したはずの遺産額＝**みなし相続財産額**を出し、この額にもとづいて遺産分けをするようにという規定です（注意すべきは、生前贈与された８００万円を本当に一郎さんに返させるのではなく、あくまで計算上の処理だということ）。

❶ みなし相続財産額　＝

3000万円　＋　800万円　＝　3800万円
現存する遺産額　生前贈与額　みなし相続財産額

❷ 配偶者（春子さん）

3800万円　×　1／2　＝　1900万円
みなし相続財産額　法定相続分　受け取れる相続額

妹（夏代さん）

3800万円　×　1／4　＝　950万円
みなし相続財産額　法定相続分　受け取れる相続額

❸ 兄（一郎さん）

3800万円　×　1／4　−《マイナス》　800万円　＝　150万円
みなし相続財産額　法定相続分　生前贈与分　受け取れる相続額

持戻しの処理をして、みなし相続財産額を計算すると、次のようになります。

❶の見なし相続財産額を、❷の各人の法定相続分に従って分けると、生前贈与を受けていない相続人が最終的に受け取れる相続額となります。配偶者（春子さん）1900万円、妹の夏代さん950万円。配偶者の春子さんの受取り額も、持戻しの計算処理によって大きくなっています。

一方、生前贈与を800万円ほど受けている兄・一郎さんの相続額は、❸みなし相続財産額をもとに計算した法定相続分の額から、すでに生前贈与で得ている額800万円を差し引いて、150万円です。

生前贈与の額800万円と今回の相続の額とを合わせれば、妹・夏代さんと同じ950

万円を父親から受け取っていることがわかります。

持戻しをしたうえでそれぞれの相続人が相続をすると、生前贈与を受けていない側の相続人は、持戻しによって増えた金額の部分についても自分の法定相続分の割合で受け取れることになります。

それはつまり、よそへの生前贈与によって減らされてしまった自分の本来の相続分を、相続が生じた時点でぴったり取り戻したということ。結果として、**生前贈与額と相続額とを通算してみると、どの相続人も法定相続の割合で亡くなった人の財産を受け取っていることになるのです。**

◉生前贈与額が大きいと持戻しの効果も限界に!。

ただ、右のようにきれいな精算結果となるのは、生前贈与を受けた相続人の持戻し後の相続分（一郎さんは1／4）にあたる額が生前贈与された額以上にあって、そこから生前贈与額を引き切れる場合だけです。贈与額が大きくて、相続分の額から引き切れない場合（つまり生前贈与を受けた者が相続では受取りをゼロにしても、まだ生前贈与のもらいすぎ分が残ってしまう場合）には、ほかの相続人はその受贈者のもらいすぎの分だけ自分たちは少なくし

❹ みなし相続財産額　＝

3000万円　＋　1800万円　＝　4800万円

現存する遺産額　生前贈与額　みなし相続財産額

❺ 配偶者（春子さん）

4800万円　×　1／2　＝　2400万円

みなし相続財産額　法定相続分　受け取れる相続額

妹（夏代さん）

4800万円　×　1／4　＝　1200万円

みなし相続財産額　法定相続分　受け取れる相続額

❻ 兄（一郎さん）

4800万円　×　1／4　－　1800万円　＝　－600万円

みなし相続財産額　法定相続分　生前贈与分　受け取れる相続額

か遺産を受け取れないことになります。

たとえば、右の例で、兄・一郎さんに800万円ではなく1800万円の生前贈与がなされていたとします。そうすると、持戻し後のみなし相続財産の額は❹となり、これを法定相続分に従って分けると❺になります。

生前贈与を受けていない側の相続人についてはこのような額が出てきます。合わせて3600万円ですが、現に残されている遺産額は3000万円なのですから、600万円足りません（**みなし相続財産額4800万円は、過去の贈与で消えた額まで計算上足した架空の数字だということを思い出してください**）。

一方、生前贈与を800万円ほど受けている兄・一郎さんの相続額は❻で、マイナスが600万円出てきます。つまり、生前贈与の額が大きすぎて、今回の相続で受け取る額をゼロにしても、まだ600万円のもらいすぎがあるのです。

こういう場合、どういう解決になるかというと、**もらいすぎの一郎さんに足りない600万円を出させることまではしない**というのが民法の定めたルールです（903条2項……無理に出させることにしたところで、どのみち相続額はゼロの一郎さんが相続放棄をしてしまえば、相続人自体でないことになって、規制が及ばなくなります）。

結局、**この足りない600万円は、他の相続人＝春子さんと夏代さんがあきらめるしかない**のです。

◉しかし残された問題は足りない600万円をどう負担しあうのか？

残された問題はこの600万円をあきらめるにしても、亡くなった人の配偶者である春子さんと、子の一人である夏代さんが、どういう割合でこの足りない600万円を負担しあうかということです。これについては民法の定めがないのですが、家庭裁判所でよく採用されるのは、それぞれの法定相続分に応じて負担しあう方式です。

すなわち、足りない600万円を、配偶者（春子さん）＝1／2、妹（夏代さん）＝1／4

❼ 配偶者（春子さん） ＝ 400万円
妹（夏代さん） ＝ 200万円

ところで、もともとの持戻し計算によって出てきた
２人の相続額は次のとおりでした。

❽ 配偶者（春子さん）
4800万円 × 1／2 ＝ 2400万円
みなし相続財産額　法定相続分　受け取れる相続額

妹（夏代さん）
4800万円 × 1／4 ＝ 1200万円
みなし相続財産額　法定相続分　受け取れる相続額

❾ 配偶者（春子さん） 2000万円
妹（夏代さん） 1000万円

の比率――春子さん：夏代さん＝２：１の割合で引き受けます。

具体的な金額にすると❼となります。

ところで、もともとの持戻し計算によって出てきた２人の相続額は❽のとおりでした。

ここから、それぞれ４００万円、２００万円ずつ引いて、実際に２人が受け取れる遺産の額は、❾となり、合わせてぴったり現実に残された遺産額と同じ３０００万円です。

もちろん、生前贈与１８００万円を受けている兄・一郎さんの相続額はゼロです。

◉ 遺留分が最後の絶対防衛ライン

この項で扱った事例をみてみると、亡く

⑩ 配偶者の春子さん＝1200万円

〔(3000万円＋1800万円)×1/2 ×1/2〕

妹の夏代さん＝600万円

〔(3000万円＋1800万円)×1/2 ×1/2 ×1/2〕

なった甲野太郎さんが子の1人＝甲野一郎さんに、15年前に800万円（あるいは1800万円）の生前贈与をしていました。死亡の15年前の贈与ですから、贈与の額にかかわらず、遺留分の侵害を心配する必要はありません。

仮にこの生前贈与が被相続人の死亡前10年以内になされたとしたらどうでしょう。贈与の額が多い方の1800万円であったとしても、その場合の遺留分は⑩の額です。

配偶者の春子さん＝1200万円、妹の夏代さん＝600万円となり、それぞれ相続で2000万円、1000万円を受け取っている2人にはまだ遺留分の侵害は生じていません。

生前贈与の額がさらに大きく、遺留分の侵害が花子さんや夏代さんに生じたときには、その贈与が亡くなった太郎さんの死亡前10年以内になされたものであるかぎり、侵害された相続人はその侵害額を払い戻せと贈与を受けた一郎さんに請求することができます。

といっても、実際には、妹の夏代さんはともかく、母親である春子さんが一郎さんに対して遺留分を払い戻せなどという請求をするとも思えませんが、これはあくまで制度上そういうしくみになっているという話です。

ともあれ、**遺留分侵害額の取戻し請求権が、親の遺産をろくに受け取れないかもしれない危機に瀕した相続人にとって最後の絶対防衛ラインになる**ことは、ぜひとも理解しておきましょう。そして、**生前贈与の持戻しによる相続額の調整は、その贈与が何年前になされたものであろうと、被相続人が持戻し免除の意思を示していない限り行なわれるということも、覚えておきたいポイントです。**

36 親は特別扱いしたい子に「持戻しの免除」ができるのです

◉ **ここまで見てきた生前贈与の持戻しの処理は、親の側の意向ひとつで「させないようにする」ことができます。**

そもそも親が特定の子にだけ生前贈与をするわけは、贈与した財産を純粋なプラス分としてその子に残してやりたいからこそではないでしょうか。それなのに相続になったらそのプラス分をほかの相続人に取り返され、結局は法定相続の割合どおりにしか親の財産を受け取れないというのでは、親は子のえこひいきのしがいがない（？）……とぼやくかも知れません。

もちろん親は、遺言を書く労力を惜しまなければいくらでも（遺留分の額だけは取り戻されることがありますが）子に与える財産額に差をつけられるのです。しかし、差をつけるにしても特定の子に生前与えたものだけは別扱いとし、残りはみんなで法定相続分どおりに分けてくれ、ということでよければ、ひと言、その生前贈与した財産について「持戻しを免除する」と書き置くだけですませられます（持戻しの免除）。

この書置きがあれば、生前贈与を受けた相続人は、その贈与によって得たプラス分を、相続人みんなで分け合う遺産相続とは切り離して確保できることになります。

◉ 書置きがなくても「持戻しの免除」が認められることも——。

持戻しの免除の意思表示を残すのに「遺言の形式」による必要はありませんが、実際にはトラブルを避けるために「遺言で書く」ことが多いでしょう。書いたものが残っていなくても、特定の相続人が親から受けた経済的支援を相続にあたって「持ち戻す・持ち戻さない」でトラブルになることはよくあります。これが家庭裁判所に持ちこまれると、**裁判所側から「持戻し免除の意思が推認できる」という見解が出される**ことがあります。

これは、亡くなった親が持戻しの免除を**黙示の意思表示**によってしていたものと裁判所としては認める、ということで、たとえば親が子の一人に家の建築の足しにと数百万円ものお金を与え、「子はそのお金を使ってその家をきっちりとバリアフリー仕様にととのえた。完成後、子は親をその家に迎え、そののち自宅での家族ケアが無理な状況となるまで療養介護につとめた」というようなケースでは、自宅資金の贈与について持戻しの免除があったものと認められやすいでしょう。

もちろん、持戻しをするかしないかで現実の相続額に大きな差が出るのですから、一律・単純に決めつけることはしません。その家族をめぐるさまざまな事情を総合して、慎重に判断するのです。

なお、ここまで「生前贈与を持ち戻しする」という言い方をしてきましたが、民法の条文に沿っていうなら「**特別受益**を持ち戻しする」が正確な言い方になります。

◉まとまった額の生前贈与は、基本的に「特別受益」として「持戻しの対象」となります。

民法上は、亡くなった人から「婚姻もしくは養子縁組のため」あるいは「生計の資本として」生前贈与を受けた者が相続人のなかにいるとき、その者の受けた贈与額を持戻しの処理にかけるという規定のしかたになっています（民法903条）。

つまり、生前に贈与されたすべての金品が持戻しの対象になるわけではなく、「婚姻・養子縁組のための贈与（＝新生活のために贈られた家財道具や支度金など……通常範囲の結納金や挙式費用は含まない）」と「生計の資本のための贈与（＝新居建築費や居住用不動産そのものの贈与、独立資金・運転資金の援助など）」に限定されることに法律の建前上はなっているわけです。親が子に与える支援のお金も、扶養的な意味をもつ通常レベルの生活費、あるいは学費などは特別受益として扱われません。

ただ、「婚姻等のための贈与」はともかく「生計の資本のための贈与」は、とらえ方しだいでいろんなものが入りそうな言葉です。その**あいまいさが「相続」の時に「持戻し」を「する！・しない！」の紛争を呼ぶ**ことになってしまうのです。

家庭裁判所での審判例などをみると、贈与の名目はともかくとして、**遺産の前渡しと言っていいくらいにまとまった額の生前贈与がなされた場合には、基本的にすべて「特別受益」として持戻しの対象**になると考えた方がいいようです。

そのうえで、「持戻しの免除」の書置きがないときでも、状況をみて、その持戻し免除の黙示の意思表があると認めていいかどうかを決める、というのが、裁判所が紛争処理のためにとっている現実的な対応です。

◉ 遺留分侵害額請求には贈与期間限定の壁があります。

生前贈与額があまりにも大きすぎ、おまけに持戻しの免除までしているとなると、他の相続人の遺留分まで侵害してしまう可能性があります。そうすると、その侵害額分だけは取り戻されてしまいますが、それも**生前贈与が相続開始（親の死亡）からさかのぼって10**

年前までになされている場合だけ（原則）。それより前の贈与なら、もはや遺留分の払戻しをさせられることはありません（10年という期間は相続人の内輪の場合の話で、生前贈与が相続人以外の者にされていた場合なら、遺留分権の行使が可能となるのはもっと短く、**相続開始からさかのぼって1年前までの贈与に限られます**）。

◉特定の相続人が受けた生前贈与の持戻しは、何年前の贈与であろうと持戻しの処理にかけるのです。

注意しなければならないのは、遺留分侵害額を返させる請求については生前贈与の時期が相続開始前の一定期間内に限られる一方で、**相続人間で遺産分けを公平にするために持戻しの対象とされる生前贈与は、それが何年、何十年前になされていたとしても除外されない**ということです。

遺留分の侵害額請求の方は、赤の他人の受贈者が相手方となる場合もあります。その人は相続人とは縁もゆかりもないのに、相続が生じたからといっていまさら遺留分侵害で文句をいわれ、相続人から蒸し返しの請求を受けるのは本当にいい迷惑。それゆえ対象となる贈与は贈与者（被相続人）の死亡前1年以内という短い期間に限ることにしました。

他方、特定の相続人が受けた生前贈与の持戻しは、まさに相続人たちが身内の問題として不公平を処理するためのもの。それゆえに何年前の贈与であろうと持戻しの処理にかけるのです（ただし被相続人による持戻しの免除がない限り）。

なお、相続人の内輪での遺留分請求では対象となる贈与期間が被相続人の死亡前10年前までに限られることは先にも記しました。相続人以外への請求の場合（死亡前1以内の贈与に限られる）より長い期間になっていますが、もともとこちらは身内の問題だからということで期間の限定なしだったのです。

それがあまり大昔の贈与までさかのぼるのもよろしくないということになり、2019年7月1日の改正民法施行によって新しく贈与期間の限定がなされました。時間がたてば贈与の記録も記憶もどんどん失われていきます。そのあと請求権だけは認められていたところで役には立ちません。**銀行預金口座の取引履歴が通常は過去10年分しか請求できない**ので、それより前のお金の動きは追いにくいということも、実際上の理由としてはあります。

これからの寄与分の意味と計算のしかた
特別寄与者・特別寄与料とはなにか？

◉ 献身的な「長男の嫁」には特別寄与料を認める

寄与分《きよぶん》とは、相続人の中に亡くなった人（被相続人）の療養看護に尽くしたり、事業を手助けしたりして、その人の財産の維持・増加について**特別の寄与**をした者がいるとき、その「特別の寄与」の分を寄与者の相続分に加算して受け取らせる制度です（民法904条の2）。

この寄与分は、まずは相続人全員の協議によってその大きさを決めます。決まらないときは家庭裁判所の調停にかけることができ、それでもだめなら審判で決めてもらえます。

介護の苦労など、実際に背負ってきた側と、その苦労を見ていただけの側とでは、感ずる重みがまるきり違うでしょう。なかなか折り合う線が出てこないのも無理のないことです（介護日誌など、あとあと証拠となりうるものの大切さがいわれるのはそのため）。

寄与分の算定をする場合の注意点には、次のようなことがあります。

□ **寄与分が認められる者は相続人に限ります。**

［ただし］↓　相続人以外の親族――たとえば子の妻や子（亡くなった人の孫）がいくら献身的に介護をしたとしても、相続人ではない以上、寄与分は認められません。ただし、それらの「**特別寄与者**」は、相続の開始後、相続人に対して「**特別寄与料**」という名のお金を請求することができます（民法1050条……2019年7月1日施行の改正点）。

□ **被相続人との親族関係などから一般に期待される程度を超えた、著しい貢献でなければ、寄与分は認められません。**

［ただし］↓　夫婦間には同居・協力・扶助義務（民法752条）があり、直系血族（親子など）・兄弟姉妹間には互いに扶養義務（877条1項）がありますから、その範囲内のこと（夫婦であれば同居して家事や食事の世話をするなど、子であれば自分の生活を犠牲にしない範囲で親に生活費を渡したり、ときおり見舞いに訪れ世話をやくなど）では、寄与分を生じさせる「著しい貢献」になりません。

□ **対価、報酬を得ていた場合には認められないのが原則。寄与に対する感謝の気持ちとして贈与、遺贈を受けている場合も同じ。**

特別寄与者の請求権

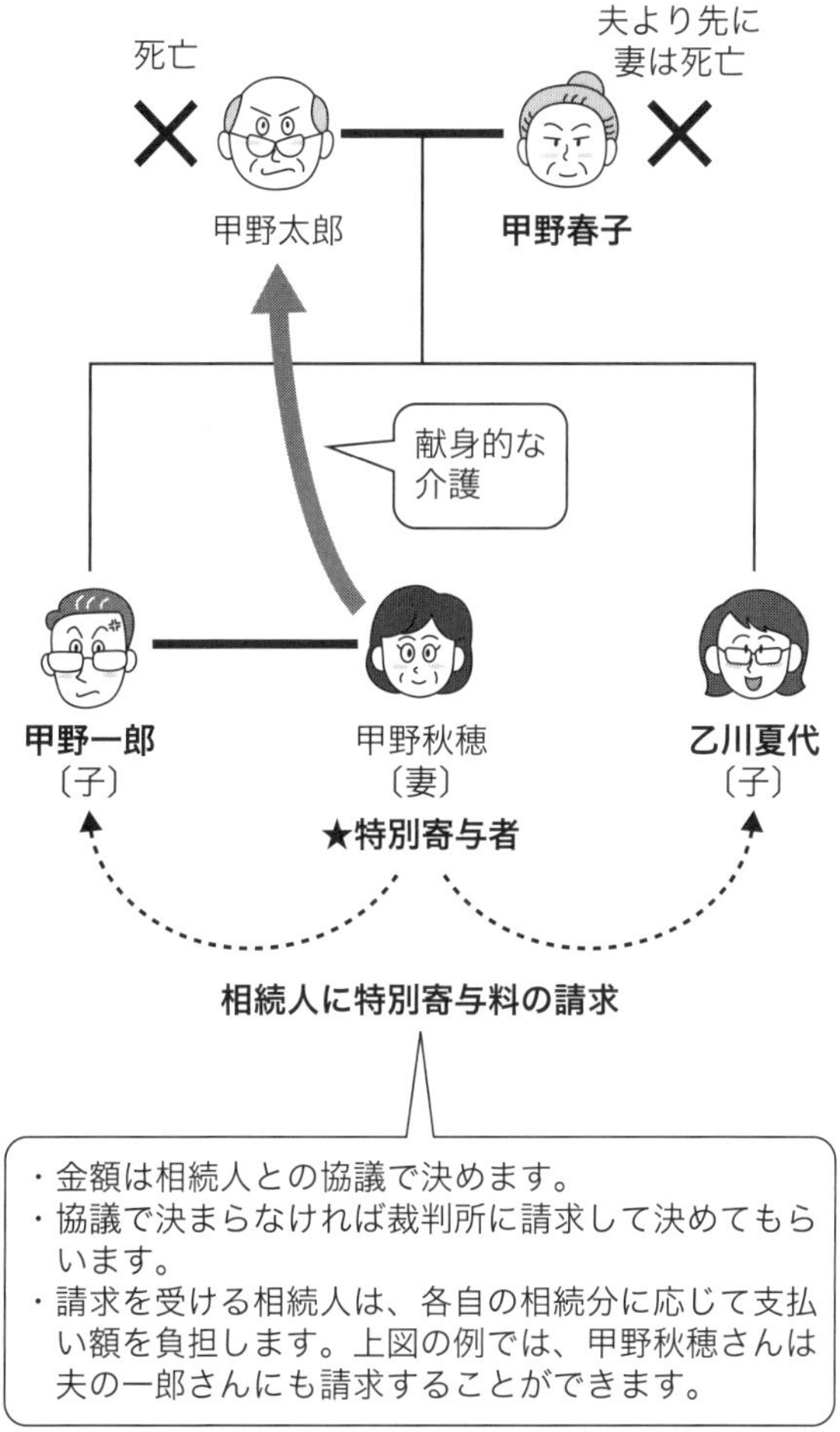
死亡
甲野太郎
夫より先に
妻は死亡
甲野春子
献身的な
介護
甲野一郎
〔子〕
甲野秋穂
〔妻〕
★特別寄与者
乙川夏代
〔子〕
相続人に特別寄与料の請求
・金額は相続人との協議で決めます。
・協議で決まらなければ裁判所に請求して決めてもらいます。
・請求を受ける相続人は、各自の相続分に応じて支払い額を負担します。上図の例では、甲野秋穂さんは夫の一郎さんにも請求することができます。

［ただし］↓　貢献の度合いにくらべてその額が非常に小さいと認められるときは別。

□　**亡くなった人の財産が、少なくとも減少を免れた事実が認められなければなりません（介護人を雇う費用が助かるなど）。**

［ただし］↓　結果として財産が減っていても、寄与者の行為がなければもっと減っていたと認められればOK。財産の増減にかかわりのない精神的な励ましなどは、いくら効果的であったとしても対象外。

◉　寄与分を加えた相続額の出し方は

寄与分が実際どのくらいになるかは、遺産全体に対する割合（遺産額の何割）として出す場合と、金額で寄与分相当額を出す場合とがあります。被相続人の療養介護に努めた場合は、被相続人が介護人を雇うとしたらかかるはずの費用（日当や時間給）に期間をかけた額をベースとし、これをいくらか割り引く（近親者ゆえに当然とされる部分やプロの看護師・介護士ではないことなどのマイナス分＝**裁量割合**）というのが、裁判所で審判にかかったときには通例となっています。

たとえば、**遺産総額が３０００万円ほどあり、相続人（子２人＝兄と妹）がした協議で**

亡くなった親を献身的に介護した妹の寄与分を３００万円と認めたとしましょう。

この３００万円（妹の寄与分）という数字は、被相続人が介護保険制度の要介護認定で要介護３（起立、歩行、入浴、トイレなどに他人の手伝いが必要で日常生活にほぼ全面的な介護を要する、あるいは認知症で徘徊や大声をあげるなどの問題行動が出る状態）の判定を受け、そのレベルでの**介護報酬基準額は１日あたり６０００円程度**とされているので、介護期間が２年に及んだとすると、次の計算が介護費相当としてたてることができます。

６０００円 × ３６５日 × ２年 ＝ ４３８万円

これに身内による素人介護である点、それに公的介護支援を受けて、ある程度負担が軽減されている点などによる**割引き分（裁量割合）として０・７**をかけ、

４３８万円 × ０・７ ＝ ３０６万６０００円

こうして、**ざっくり３００万円という金額**を出しているのです。

寄与分の額が３００万円ということで兄と妹がともに納得できた場合、兄の方の受取り

額を出すには、まず次のように遺産総額から妹の寄与分を引く計算をします。

遺産総額　　　　マイナス　妹の寄与分
3000万円　－　300万円　＝　2700万円

この額をもとに、各人の法定相続分（双方1／2ずつ）で割り振ります。

そして、その割り振った金額（1350万円ずつ）について次の金額が出てきます。

妹には寄与分額の**300万円を足して**やります（＝1650万円）。

兄の方はそのまま（1350万円）。

それらの数字（合わせるとぴったり遺産総額の3000万円）が、この相続における各人の最終的な具体的相続分の額（現実の受取り額）になるというわけです。

6章

「親のお金」はどこにある？

37

親の遺産はなにがどこにあるのか
わからないとき、なにをどうすればいいのですか？

いつか親が亡くなれば、いやが応にも相続が生じます。するとと家や土地だけでなく、他に財産といわれるもの一切合切、なにがどこにあるのか？　相続の対象となるものを洗い出すわけですが、実はそれがなかなか手強いのです。

◉ 捜し物はなんですか？　見つけにくい物ですか？　親の財産の数や品目を子の多くは知りません。

親が亡くなってその親の遺産を相続することになりました。このことを「相続が生じる」と言いますが、そもそもの話、遺産にはどういうものがあるのか、それはいったいどこにあるのか、「ぜんぶわかってるから大丈夫！」というのはかなり珍しいケースです。

「終活」や「エンディングノート」という言葉をよく耳にするようになり、身近な人が亡くなる前や後の手続きをまとめた本もかなりの注目を浴び、いまや少子高齢化時代の必須アイテムというまでになっていますが、それでもいざというときにはじたばたどたばたするものです。もちろん親がきちんとノートにまとめておいてくれたとか、そこまででなくても普段からいろいろ聞かされていたとかなら話は別かと思えば、そこには人の死が歴然とあるので、どんなに準備や心がけをしていたところで、人の死を前にしたとき、そんなこともうどうでもよくなってただただ悲しみに耐えたという知り合いも多くいます。

ある70歳代の知り合いはこんなことを言ってもいました。

「国にしてみれば、きっちり賢く相続なんかされるよりも、とにかく払えるだけ相続税を納めてもらうほうがいいわけだし、預金や不動産なんかも見つからないままのものがあって、そのまま所有者未詳で受け取られずにいるというのは、それはそれなりにわるいことばかりでもないわけだからね」

（もちろん国が相続税をとるには相続額は大きい方がよく、未詳物件などないない方がいいのですが、相続税をめぐってはとにかく人それぞれの思いが交錯するもののようです）

近ごろはいざというとき相続人があたふたしないようにと親の方できちんと生前に遺産関連の情報をまとめておいてやろうという意識が高まってきているようでもありますが、ただ、そうはいっても、**実行している人となると、全体からみればまだまだ少数派でしょう。**多くの場合、とくに離れて暮らしていた子であれば、遺産として親の家があるくらいのことはわかっているけど、たとえば親に預金というものはあるのか、あるとして何銀行のどこ支店にいくらあるのか、なにも知らない、という人が少なくないはずです。

◉ 親の「遺産の捜索・整理」チェックリスト。

さて、捜しものを見つけ出すコツがあります。ことわざにならえば「魚のいないところで魚は釣れない」です。それゆえ、探すまえにチェックリストと探す順番を明確にして亡くなった人の関係者からも情報を集めることもするという覚悟をします。

いったい自分は何を探しているか、発見するべきは何なのか。

ちゃんと頭の中にターゲットを定めて探すなら、見つかる確率もグンと高まります。

まずは、**親の残した遺言書、あるいは遺族への書き置き、いわゆるエンディングノートといったものがないか、文箱や机の引出し、金庫の中などを探してみましょう。**

遺言書や、まとめの書置きがないとなれば、遺産に関する文書や証書のたぐい、あるいは物品そのものを相続人が自分で逐一探し出していくしかないという事態に、いよいよ直面することになります。捜索の目星として、次のようなリストをあげておきます。

□・**不動産（家と土地）** ＊（所有していなくても借りているなら）借地権／借家権（その賃貸借契約書）
□・**銀行預金**
□・**株・債券（国債・公債・社債など）**

□・各種の金融商品／投資ファンドへの預託金
□・お金を貸しているときの債権（その証書）
□・ゴルフ会員権など換金可能な権利
□・自動車・船舶など（大きくて家の外にある動産）
□・宝飾品・貴金属・高級時計など（小さくて家の中にある動産）
□・書画骨董類・特別仕立ての着物類

◉家と土地と、親のお金
この権利証や預け先金融機関がわかれば「相続手続きが動き出します」

一般に相続で大きな金額になるのは不動産（家と土地）と銀行預金です。また株や債券への投資をしていた場合は、それも大きな額になりそうです。これらの存在を端的に示すのが次のような関係する書類です。

□・不動産　↓　物件の権利証（登記済証あるいは登記識別情報通知書）
…家や土地の権利や場所がわかる
□・銀行預金　↓　預金通帳
…預金のある銀行や口座番号がわかる
□・株・債券への投資　↓　証券会社や信託銀行の報告文書など
…株・債券の存在や額がわかる

◉相続するもしないも手続きは公平に公正に……。

遺品とは、誰かが亡くなったとき、遺されたものです。生前愛用していた物などで、金銭的価値はそれほどないかもしれないけれど、大事に愛用されたりしたものです。思い出の詰まった品々ともいえます。

人が亡くなると、遺品整理や形見分けを行います。思い出の品だけあればいいといって、相続は放棄したままではよかったものの、受取人になっていた多額の生命保険が入ってきてしまいました。これで身内から「1人だけ良い思いして！」と攻められ、縁故関係がずたずたになってしまったという話を聞いたことがあります。人の死を悲しむ感情は誰にも手出しできないものですが、だからこそ遺族という立場になったとき、故人をしのぶのであればこそ、遺産や相続のことでジタバタしないというマナーを忘れずにいたいものです。そのために公平な「相続という手続き」があるのです。

亡くなった人の思い出の品・親族伝来の古物なども大切ですが、それらの思い出整理にとらわれすぎると相続手続きが先に進みません。「遺品」と「遺産」の区別をもちましょう。

38 あなたの知らない親の不動産はどうやって探せばいいですか？

不動産には「登記されたもの」と「登記されていないもの」があります。どちらも所有していることに違いはないのですが、登記された物件なら「登記済証」か「登記識別情報」があるはずです。まずは、これを探し出します。

◉子である「あなた」の知らない親の不動産があるかもしれず……。

親が亡くなり「遺産となった不動産」は「親が住んでいた家だけ」だよというわかりやすいケースならともかく、不動産投資に熱心だった親であれば、本宅以外にも物件を所有していることは珍しくありません。そして、その所在が相続人となる子や配偶者に伝えられていればいいのですが、「聞いたような気もするけど、よくわからない」ということだってあります。たとえば親が「投資用にと考えてマンションを買った」けれども、無駄づかいだと責められそうで子には知らせなかった、あるいは「老後の保養にと別荘を買った」

けれど、会いにも来ない子や孫を招いてやる気もないので黙っていた……などなど、案外、ありがちな話なのです。

◉ 亡くなった親の不動産の権利証が見つかればとりあえず遺産相続のテーブルがみえてきます。

不動産については、亡くなった親が自分で所有していた物件ならば、その物件についての**権利証**（**登記済証**、法務局で登記簿が電子化された後の登記であれば**登記識別情報通知という通知書**）があるはずです。まずはそれを探し出します。

登記（不動産登記）とは、家を建てたときにする登記（**所有権の保存登記**）や、家・土地を前の持主から買ったときにする登記（**所有権の移転登記**）のことです。そのときの登記申請書に登記所（法務局）が「登記済」の印を押してくれ、返却されたものが「登記済証」となります。（**登記済証サンプル**☞）

◉ 「登記済証」は、俗に「権利証」と呼ばれるとおり、その物件の権利を持つことの証明資料として使われています。

売買などで物件の所有名義をよそに移すときには、登記済証（あるいは登記識別情報通知書）

親が所有する家や土地の「登記済証」を探し出しましょう。

登記された物件なら「登記済証」か「登記識別情報」があります。

登記済証には、その物件の所在地や所有者が誰であるのか書いてあります。

登記済証

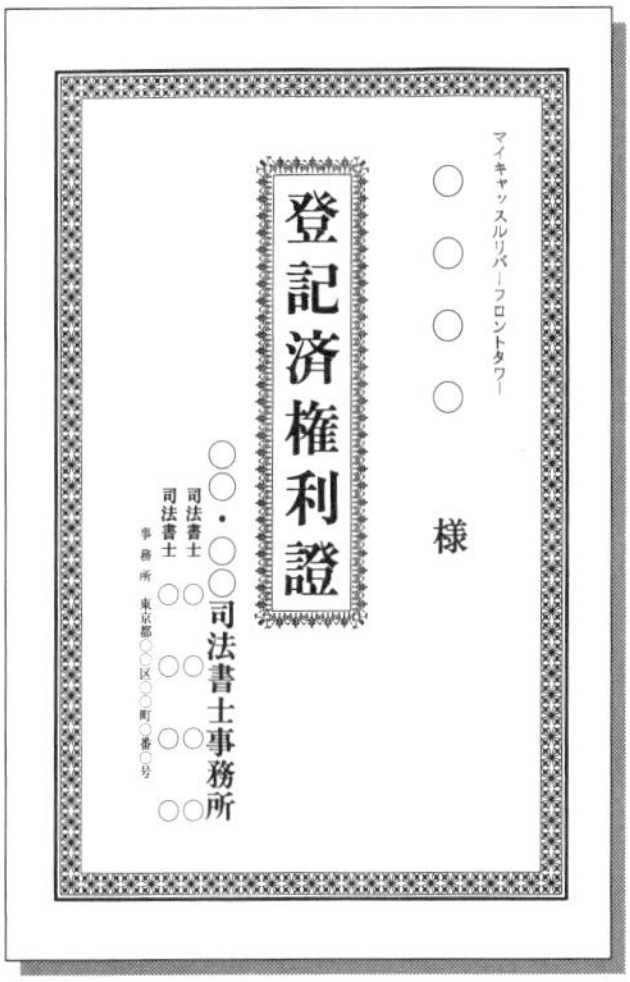

マイキャッスルリバーフロントタワー
○○○○ 様
登記済権利證
○○・○○司法書士事務所
司法書士 ○○○○
司法書士 ○○○○
事務所 東京都○○区○○町○番○号

★司法書士に依頼した場合の表紙の例です。

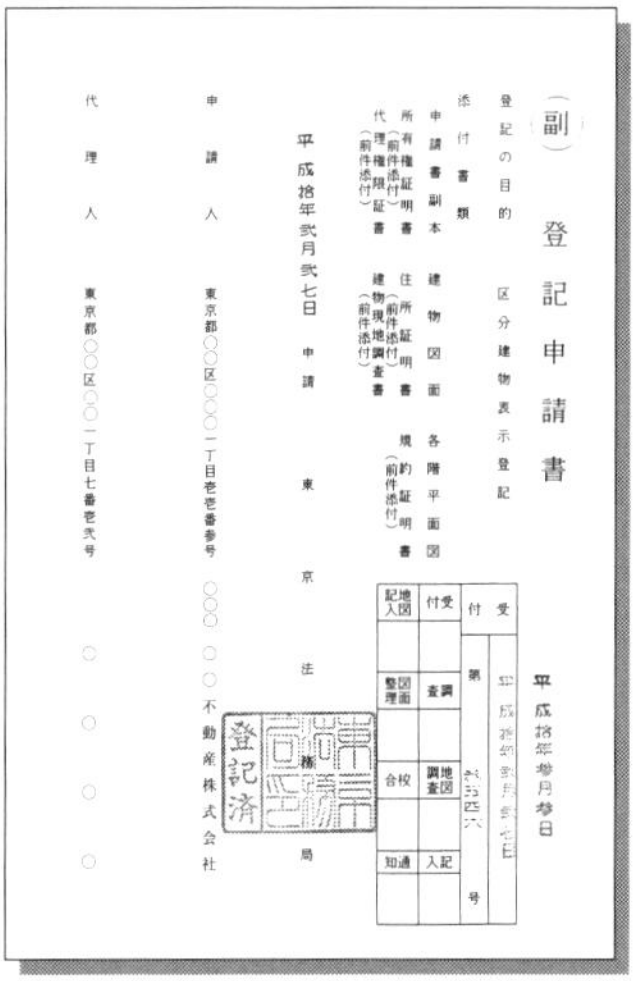

（副）
登記申請書
登記の目的 区分建物表示登記
添付書類
申請書副本 建物図面 各階平面図
所有権証明書（前件添付） 住所証明書（前件添付） 規約証明書（前件添付）
代理権限証書（前件添付） 建物現地調査書（前件添付）
平成拾年弐月弐七日 申請 東京法務局
申請人 東京都○○区○○○一丁目壱壱番参号 ○○○ ○○不動産株式会社
代理人 東京都○○区○○一丁目七番壱弐号 ○○○○
受付 平成拾年参月参日 第 号
登記済

★「登記済」の印が押してあります。

を登記所（物件所在地の法務局）にもっていかなければなりません。不動産を売り渡すその人が本当にその物件の持主なのか、勝手に人の不動産を売ろうとしている詐欺師ではないのか、本当の持主しか持っていないはずの権利証を提出させて、確かめるのです。ちなみに、**相続した不動産を相続人名義に移すときの登記申請には、この権利証は不要**です。売主が他人の物件を売りつけるような行為は、相続という身内の間の自動的な権利移転では起きようがないからです（そのかわり、登記の申請者＝新しい所有名義人が本物の相続人なのかどうか、戸籍など多くの証明資料を提出させられ、しつこいくらいチェックされます）。

◉電子化後なら「登記識別情報通知」

先ほどから登記済証にかわるものとして「登記識別情報通知書」なるものがしつこく出てきていますが、これはいったいなんでしょう。

登記所（法務局）では近年、登記記録の電子化が段階的に進められ、いまではすべて完了しているのですが、**電子化後に登記をした場合には、それ以前のような登記済証は渡されず、かわりに「登記識別情報通知」という英字・数字混じりの番号が記された通知書が交付されます。**（**登記識別情報通知書サンプル☞**）

といってもいまでも世間には旧タイプの登記済証が山ほど残っていますが、それを新し

登記識別情報通知

登記識別情報通知

次の登記識別情報について、下記のとおり通知します。

【不動産】
甲市乙町一丁目２５番の土地

【不動産番号】
０００１２３４５６７８９
【受付年月日・受付番号（又は順位番号）】
平成２８年１月１７日受付　第５００号
【登記の目的】
所有権移転
【登記名義人】
甲市乙町一丁目２番３号
丙野一郎

（以下余白）

＊下線のあるものは抹消事項であることを示す。

平成２８年１月２３日
○○地方法務局△△出張所
登記官　　　　　　　　丁　野　二　郎　印

記
登　記　識　別　情　報
44A-T3W-P37-XCN（※）

「借地権」「借家権」の設定契約書が見つからないときには？

借地権・借家権は、その権利の存在を示すものとして賃貸借契約書があるはずです。しかし仮に見つからなくても、権利までは消えてしまいはしません。その物件を利用している状況からも権利の存在はわかります。ただ、それだけでは契約条件（地代・家賃の額や期限など）が不明なので（相続人は前の契約条件をそのまま引き継いで相続します）、地主・大家との話合いが必要です。高額の保証金を納めている場合もありますから、貸主側保存の契約書を確かめ、後始末をつけて下さい。

い登記識別情報通知書に取り替える必要などなく、そのまま有効なものとして通用します。

この**「登記済証」あるいは「登記識別情報通知書」には、その「物件の所在地」や、「所有者が誰であるのか」が書いてありますから、「物件調査」のなによりの「手がかり」となる**のです。

覚えておくべきことは、不動産の所在を示す地番や家屋番号は通常の住所とは違うということ。登記済証（あるいは登記識別情報通知書）があれば、そこに記された「所在表示」で相続登記ができます。なお、登記していない物件には、当然ながら登記済証（あるいは登記識別情報通知書）はありません。

「登記はしてあり、登記済証等もあったはずだけど紛失している」、あるいは「どこかに紛れてしまって相続人が見つけられない」というケースもあるでしょう。

そういう場合にどうしたらいいかは、次の項で説明します。

39

相続の対象となる親の財産で未登記の不動産には権利証がありません。そんなときどうしたらいいですか。

――不動産を所有していると年に一度、固定資産税の課税明細書が来ます。市役所の「固定資産課税台帳」と「名寄帳」で探すこともできます。

◉知らなければ受け取りようもないので親の不動産も相続できないまま終わることも。

未登記の物件には、当然のことですが権利証――登記済証あるいは登記識別情報通知書はありません。あるいは、遠方の別荘などを買ったので、「当地で登記して権利証を受け取り、そのままその別荘に置いてある」なんてケースもあるでしょう。

権利証が見つからず、子＝相続人がその物件の存在を親から知らされていなかったら、どういうことになってしまうのか。

未登記であろうが、権利証を失くそうが、所有権はちゃんと持主のものとしてありますので、相続できます。しかし、相続人がその物件の存在を知らなければ、結局はほったらかしのまま。現実的には受け取って自分のものにできません。

◉「納税通知書」を見つけましょう それを見つけられれば物件探しはほぼ終了です。

さて、どうすればいいかというと、権利証が見当たらなくても、**固定資産税の納税通知書**（そのなかに入っている**課税明細書**）が出てくればだいじょうぶです。この通知書は、日本全国どこに物件があろうと、不動産の持ち主（納税義務者）のところに税金の支払いを催促するために送られてくるのです。年に1回、6月初旬ころ送られてきます。

固定資産税は不動産がある場所の市町村が持ち主に対して課す税金なので、同じ市町村内に物件が複数あれば、課税明細書にすべて列挙されています。

それによってわかるのは、あくまでその市町村のエリア内にある物件だけですが、**全国に所有不動産が散らばって存在していても、それぞれの不動産を管轄する市町村から同じ所有者のところに送られてくるのだから、「送られてきた明細書を全部まとめる」と、その人所有の不動産がすべてつかめる**というわけです。

もっとも、税金を払い終えれば領収書以外は不要になりますから、亡くなった親が明細書の部分は捨ててしまっているかもしれません。物件の地番・家屋番号や課税のための評価額など物件情報が記されているものなので、念のため取り置いている人が多いとは思いますが……。

◉もし前年の通知書が見つからなくても、まだ相続手続きで所有者名義を変えていないのですから、次の年にもまた同じ納税通知書が同じ人（親）・同じ住所あてにきます。

親の住んでいた家以外にも不動産があるはずだ……という確かな思いがあるのなら、次の年の納税通知を待ってみるのもひとつの方法です。

ただ、相続税の納付期限が「被相続人が死亡したことを知った日の翌日から10か月以内」であることには注意しておきましょう。もし現にわかっている範囲の遺産だけでも相続税が生じそうで、相続人が複数いるのなら、次の通知がくるまで遺産分割をしないで待つなどという悠長なことはしていられないかもしれません。早々に遺産分割を終えて、相続税支払いの準備をする必要があります。

◉「固定資産課税台帳」と「名寄帳」で探索します

市町村には固定資産課税台帳にもとづいて特定の個人（つまり納税義務者）の持っている不動産をぜんぶまとめて記してある名寄帳《なよせちょう》というものがあります。それゆえ親の生前に別荘などを買ったらしいと耳にしたことがあるのなら、その市区町村の役場（資産税課、東京23区は都税事務所）へ行って、この名寄帳をあたってみるという手もあります。そうすると、その市区町村の中にあるその人所有の不動産はぜんぶわかります。未登記の物件であっても、役所の方で調べて載せてあります。税金を取るためにがんばって仕事をしているのです。

ただ、この名寄帳をみても、その市区町村の外にある物件の所在まではわかりません。また、少なくとも、存在するとおぼしき不動産がどこの市区町村にあるかくらいは見当がついていないと、そこの役場に出向いても調べようもありません。ダメもとで親の家周辺の市区町村をしらみ潰しに調べて歩くというのなら別ですが、「親父がたしか実家とは別の○○市内にマンション一室買ったようなこと言ってたけど……」くらいの記憶があれば、その市の資産税課に行って、市内にあるかぎりの「父親所有の不動産は洗いざらい突きとめられる」ということです。

この固定資産課税台帳や名寄帳は、不動産の登記とちがって一般に公開されているものではなく、不動産の所有者（納税者）本人か同居の親族など一定範囲の者にしか閲覧することができない原則です。

相続人の資格でも閲覧可能とする役所がほとんどですが、亡くなった親と別居していた相続人の場合、相続資格を証明するために親と相続人の戸籍謄本や本人確認のできる運転免許証など必要書類一式そろえてもっていかなければならず、注意が必要です。

遺産分割後に未知の不動産の存在が課税通知書によってわかったなら、そこから遺産分割のやり直しや修正申告をします。

＊　固定資産課税台帳・名寄帳の閲覧申請に必要な書類

□・申請者の戸籍謄本など（相続人であることを証明するため）
□・運転免許証、マイナンバーカードなど（申請者の本人確認のため）
□・委任状と本人確認用の運転免許証など（行政書士などが代行する場合）
〔閲覧料〕　東京23区の例では1回につき３００円

40 親の借地や借家は遺産として受け取れるのですか?

借地権・借家権にも財産としての価値があって相続できます。そこから大きな額のお金を引き出すことも可能です。

◉どこをどう探しても契約書が見つからないときは?

借地や借家は土地や建物を賃料を払って借りているのであって、その物件を所有しているわけではもちろんありません。しかし、借りる権利そのもの——**借地権・借家権には財産的価値があり、相続することができます。**とくに借地の場合は大きな額になることが多いのです。

借地権・借家権については、その権利の存在を示すものとして賃貸借契約書（借地権の場合は地上権設定契約書であることも）があるはずです。探すべき文書は、**地主・家主との間でかわされた契約書**です。

仮に家の中に契約書が見当たらなくても、権利まで消えてしまいはしません。現に親が「借家に住んでいた」「貸しビルを事務所にしていた」、あるいは「借地上に建てた家に住んでいた」という事実がわかっているのなら、親がその物件の所有者＝貸主と借地・借家契約を結び、「借地権・借家権という権利を有していた」ことは明らかです。

地主・家主とコンタクトができれば、契約書は貸主側でも取り置いているはずですから、相続人サイドで見つけられなくても心配はいりません。

◉ 敷金・保証金の返還請求権を相続する――。

借地権や借家権に財産的価値があると聞いても、ピンとこない人がいるかもしれませんが、どうしてそれらが値打ちをもつのか、すこしくわしく見ていくことにしましょう。

まずは「借家」から――。建物を借りているなら、ほとんどの場合、**敷金**とか**保証金**という名前のお金を貸主に差し入れています。これは賃料不払いとか借主の責任で生じた部屋の汚損とかにあらかじめ貸主が備えるための預託金で、なにごともなければ契約終了時に借主に返還される筋合いのお金です（ある程度の償却＝年々割り引いて返還額を下げていく約定になっていることも多いようです）。**借主が亡くなれば、その返還請求権は相続人が引き継ぎますので、相続人は貸主にアクセスして、敷金・保証金の返還を請求するべきでしょう。**

◉ 相続人が解約しないと賃料が積み上がります。

というより、相続人が放っておいても、部屋の後片付けや契約の処理（打ち切るか相続人が引き継ぐか）、お金の精算などをする必要上、貸主から連絡人になっている子などに連絡してくるものです。賃借権は借主が死亡しても消えるわけではなく、「相続人」「内縁＝事実婚の同居人」がいるかぎりはその人に引き継がれます。契約は同じ条件で続いていきますので（民法896条、借地借家法36条1項）、相続人はその物件を借り続けるつもりがなければ貸主と話し合って解約しなければなりません。さもないと、**住みもしないのにどんどん賃料が積み上がっていくことになります。**敷金・保証金の件は別にしても、相続人と貸主とは早急に接触し、借主死亡後の後始末をつける必要があるのです。

◉ 敷金・保証金の取戻しには難題も……。

相続人がその物件を借り続けて、自分が代わりに住むとか、「転貸し」して収入を得ようとするのであれば、その旨、貸主に申し入れをしなければなりません。といっても、自分が住むつもりなら、賃借権（借家権）を相続しているのですから貸主の承諾は不要です。

他方、**「転貸し」については貸主の承諾が必要**です。無断で「転貸し」すると貸主は即座に契約を解除することができます。

いずれにせよ、物件から立ち退かない選択をするのであれば、当然、敷金・保証金は戻ってきません。そればかりか、**「転貸し」の承諾を求める場合には、たいていの貸主は承諾料を要求してきます**ので、その点は含んでおきましょう。

◉敷金・保証金の満額返還はむずかしい……。

普通に解約を選ぶ場合は、差し入れていた敷金・保証金の返還を、立退きと引換えに受けることができます。ただ、部屋の中で亡くなっていたようなケースではとくに、貸主は敷金・保証金の返還になかなか応じようとしないかもしれません。返還どころか、状況によっては追加で清掃料などの支払いを要求されることも……。

そうなると、やっかいな交渉ごとになります。金額にもよることとはいえ、敷金・保証金の返還にこだわるのは時間的にも精神的にも得策ではないかもしれません。敷金・保証金の返還はなし、そのかわり追加の支払いもなし——という線でシンプルに話をつけるなど、ケースバイケースではありますが、上手に交渉をまとめてください。

これに対し、都心のビルを借りてオフィスに使っていたなどという場合には、けっこう高額の保証金を差し入れていて、償却分を引いた残りがすんなり戻ってくることが期待できます。

◉ 借地権は所有権の6～7割もの価値をもつ権利。

さて、次は借地権です。借家ほど一般的ではありませんが、借りた土地の上に自宅を建てて住んでいるような例は珍しくありません。

借地権には、**普通の借地権**と、**定期借地権**とがあります。普通の借地権はたいへんに強い権利で、よほどのことがないかぎり借りた土地を返さなくてよいのです（借地借家法という法律が、借地権者を強力に保護してくれています）。そのため、**その借地権は、土地を自分のものとして持つ権利（所有権）とくらべても、そうとう高い割合の値付けをされること**になります。

借地権の評価額が丸ごとの所有権の価格（＝建物の建っていない状態の更地《さらち》価格）に対して占める割合を「**借地権割合**」といいます。これは、地域性にもよりますが、50～70％にもなることが普通のこと。更地価格が1000万円で、借地権割合が60％であれば、その借地権は600万円もの値打ちをもつわけです。したがって、亡くなった親が借地上に自宅を建てて住んでいたという場合、**その借地上の建物を受け取る人は、建物の価格だけでなく、**

借地権の価格も加えた額を受け取ることになります。

◉ 借地権つきの実家を現金化するには⁉

借地権を受け取ったあとは、その土地のもともとの持ち主（地主）と交渉して借地権を買い取ってもらうとか（上の建物は撤去する前提）、そのまま借地権はもち続けて上の建物を他の人に売る（あるいは貸す）とかすれば、借地権を現金化することができます（**もちろん、そのまま相続人が住み続けることにしてもいいのです。亡くなった親の連れ合いなど、同居していた人が残っていれば、そうすることも多いでしょう**）。

借地上の家を売るのなら、ぜひ気をつけなければいけないのは、「地主の承諾」がいるということです。なぜなら、借地上の家を売って、買主がその家の新しい所有者になるのだから、土地を借りている借地人も買主その人に変わることになるわけで、これは売主が買主に借地権を譲渡したのと同じことなのです。

借家を転貸しする場合もそうだったように、**賃借権を譲渡するには貸主の承諾が必須ですから、いくら上の建物は自分の持ち物だからといっても、地主に無断で売ってはいけません。**

承諾を得るにしても、たいてい地主は借地権価格の10％前後の承諾料を要求します。細かい知識になりますが、借地権の種類には土地の賃借権のほかに地上権というものもあります。借地権の中身が地上権であるのなら、それは物権という強い権利なので、譲渡するにも貸主の承諾は不要です。ただ、強い権利だけに地主が不利になるので嫌われ、なかなかこれで契約する例はないのですが。

◉ 定期借地権は年を経るごとに値が下がる。

土地を借りて家を建てる権利には、普通借地権のほかに**定期借地権**というものもあります。「定期」という名が示すとおり、普通借地権とちがって**あらかじめ定めた期限がくれば必ず借地人は借りた土地を返さなければなりません。**これに対して普通借地権は、契約期限がきたことのほかにも、なにか明渡しがもっともだと認められるような「正当事由」がないかぎり、延々と借地契約が更新され続け、地主はめったなことでは土地を返してもらえません。だからこそ土地を借りるだけの借地権にも所有権と遜色ないくらいの価値が認められるのです。

最初のうちこそ定期借地権も普通借地権に準じるくらいの価値がありますが、時が過ぎて終了期限が迫るとともに明渡しのリミットも近づいてきて値が下がります。その意味で、普通借地権ほどのありがたみはないのです。

41 親の銀行預金など子供が知らない場合どうやって探し出せばいいですか？

まず親の預金通帳を見つけ、その銀行に親が亡くなった旨を伝え、残高証明書（全店照会）の発行を頼みます。名義人がその銀行にもつ全口座を洗い出せます。

◉「銀行預金の通帳をまず見つけ出そう」と思うのですが……。

親がきちんと整理をするタイプであれば、銀行への届出印や実印（登録印）、さらに所有する不動産の権利証（登記済証または登記識別情報通知書）や年金証書、健康保険証などもひとところに保管してあり、発見と同時に全捜索終了です。しかし、整理保管のしかたは人それぞれですから、いつも都合よくはいきません。それでも、探すべきものを知っているだけで一歩進んだ気持ちになれます。

亡くなった親の使っていた銀行印や実印は、相続手続きには必要ありません（必要なのは相続人側の実印と印鑑証明書です）。不動産の権利証も、相続人の側でしっかり物件の存在と、その地番や家屋番号がわかっているのなら**相続登記をするのにもっていく必要はありません。ただ、物件の地番や家屋番号の情報が載っている権利証をうっかり捨てたりはしないでください。**

◉預金通帳の記帳額と預金残額が違うことがあります。

ともあれ、**親の銀行預金を捜し当てるのに、なによりの資料になるものは、その銀行の預金通帳です。**預金通帳とキャッシュカードは銀行で相続手続きをするときに返却を求められますので、その意味でも見つけておく必要があります。

預金通帳が出てきたら、通帳を発行した銀行のその支店に親の口座があることは確かです。通帳は見当たらないけどキャッシュカードは出てきた、という場合は、口座のあるのがどこの支店かわからずともその銀行で調べてもらえば支店名もすぐにわかります。相続手続きが口座のない支店でもできる銀行なら、事ははやく運びます。だからといって見つけた通帳に記帳されている金額が現に存在しているとは限りません。記帳された残高が何百万円あろうとも、そのあと引き出したり、よそ宛に振り込んだりして消えてしまっているかもしれません。……もちろん、増えていることだって、あります。

◉口座のある銀行へいって残高証明書をもらう。

親が取引きしていた銀行がわかったなら、そこに出かけていき、預金について残高照会を依頼して、**残高証明書**の発行を頼みましょう。

見つけた通帳でわかった預金口座のある取引支店まで「直接行かなければならないか」「どこの店でも行きやすいところでいいのか」は銀行によって対応が異なります。事前に連絡を入れて確かめてください。たとえば、ゆうちょ銀行では、どこの店舗（あるいは郵便局の貯金窓口）でも「貯金等照会書」に必要事項を記入し、戸籍謄本など必要書類を添えて申し込めば、郵便貯金の残高を調べてもらえます。これは「現存調査」という、ちょっと変わった呼び方をしています。残高証明書の発行も受けられます。

残高証明書とは、口座名義人がその銀行に開設している口座と預け入れ残高のすべてをまとめて記録したアウトプットで、依頼人が指定した日の時点で存在していた預金額（ゆうちょ銀行は「貯金」額ですが）を銀行が証明してくれるものです。指定日は「親の亡くなった日」＝「相続の生じた日」とします。

「この口座名義人（亡くなった親）について**全店照会**でお願いします」と頼めば、預金通帳でわかった口座のある店にとどまらず、**その銀行のすべての支店について、預け入れてい**

る預金が洗いざらい出てきます。預け入れの形式は普通預金、定期預金とさまざまでも、種類を問わずぜんぶです。さらには、投資用の金融商品であっても、同じ銀行に口座があるかぎり芋づる式にずらずらとでてきたりします。**「全店照会」にはそういう「名寄せ」の便利機能があるのです。**

発行手数料は、1通あたり700~800円程度です。ただし、行って頼んだその日にもらえる、というわけにはいかず、数日程度はかかってしまいます。また、相続人として頼むのですから、相続のあったこと、相続人であることを証明できる戸籍謄本や本人確認のための運転免許証などを用意していかなくてはなりません。

＊ 残高証明書の発行依頼のために持っていくもの

- □・**依頼者の戸籍謄本** （亡くなった人との続柄を証明する）
- □・**亡くなった人の戸籍（除籍）謄本** （相続が生じたことを証明する）
- □・**依頼者の免許証やマイナンバーカードなど** （本人確認のため）

42 親の銀行口座の取引推移表から他にもある「親の銀行口座の存在」が浮かんでくる？

◉ 口座の入出金記録で他の銀行口座の存在が浮かぶ。

この残高証明書の「名寄せ」機能では、当然ながらよその銀行のことまではわかりません。通帳は見つからないけれど、よその銀行にも預金があるにちがいない、どうにもあやしい……という思いがぬぐえないのなら、見当をつけたところに出向いていって、気がすむまで調べてもらうほかはないでしょう。

相続人であることを証明できる戸籍などをもっていき、「このひと（親）の相続人なんだけど、『このひと名義』の預金がないかどうか確認してください」と頼めば、たとえ預金通帳を持ってこれなかったとしても、銀行は調べてくれます。

一通でも預金通帳を見つけているのなら、**その通帳に記帳された入出金の記録が手がかりになる**かもしれません。印字されている入出金の記録を調べて、宛て先も親の名前になっている振込み履歴が見つかれば、その通帳の銀行以外にも親がお金を振り分けてプールしている別銀行があるのだと察しがつきます。

といっても、預金通帳の記帳記録だけでは、先方がどこの銀行かまではわかりません。振込先の名義人（親）の名前がカタカナで印字されているだけだからです。ゆえに、それだけですべて解決とはいきませんが、ほかの銀行に預金があるかどうかすら不明の状態よりはずっとましです。あるいは逆に、見つけた通帳の銀行に親がよそからお金を振り込んできている場合も同じことで、親は預金口座を別の銀行にももっている可能性は高いのです。そういうことがわかったうえでなら、目星をつけた銀行に行って調査を頼むにも、張り合いが違うでしょう。

◉預金口座の「取引推移表」は役立つ情報源。

通帳だけでは記録された期間が短くて不安だ（あるいはろくに記帳していなくて履歴がたどれなくなっている）、というのなら、見つけた通帳の預金口座について「取引推移表」を出してもらうこともできます（「預金取引明細票」「預金入出金取引証明」など、銀行によって呼び方はさまざま）。

この預金の取引推移表は、たとえば申込み日から過去1年とか2年とか、適当な期間を指定して出力を頼みます。指定した期間限りで過去にさかのぼり、その口座について行なわれた振込みや引落しの履歴がすべて記録されて出てきます。預金以外にも、**証券投資口座に運用金を振り込んでいたり、購入した不動産などのローンを引き落としていたりして、その投資行動の存在がつかめる場合もあります。**

◉生命保険の保険料支払い・公共料金や各種会費の振替え・過払い金が取り戻せるケース。

ほかにも、生命保険の保険料支払い（保険会社に連絡して保険金を受け取る手続きをしなければならない）とか、公共料金や各種会費の振替え（止めるかどうか相続人が判断する必要がある）とか、つかんでおきたい情報が続々と得られるかもしれません。そういったことは、預金通帳からでも、ちゃんと記帳されていればわかることですが、取引推移表の方がより確実です。

サラ金への返済履歴などは、出てこないよう祈りたいところでしょう。でも、万一出てきたからといってあわてる必要はありません。過払い金が取り戻せるケースもありますし、すでに返し終わっているならなにも問題ありません。仮に返済残金があるとしても、相続人としてどうするか、きちんと善後策を講じればよいのです。最悪、借金額が相続額を超えるようなケースでも、相続放棄をすれば相続人が親の借金を返す義務はなくなります。

◉ 手数料はそれなりにかさみます……。

預金の残高証明書をとるときと同じく、この取引推移表を出してくれと頼むときにも、相続資格を証明できる戸籍謄本など所定の書類が必要です。手数料は銀行によって異なりますが、たとえば「証明期間1か月あたり324円（消費税込）」などと定められていて、過去1年分とるなら12倍で3888円かかります。

どのくらいの期間とれば安心できるかは、いちがいにいえません。2年前に親が大きな額のお金を別の銀行に振り込んでいた、というケースなら、取引推移表を過去1年分とってみたところで、その履歴は出てこないのです……。

さりとて、過去何年分も履歴を出してもらい、何万円も払ったのに目ぼしいものは何も出てこずハズレだった、というのも辛いですね（なお、どんなに長くさかのぼりたくても、銀行は通常、最大で過去10年分までしか照会に応じていません）。結局、個々の考えと事情により、納得できる範囲内でやってみる、ということになるのでしょう。

◉ 税務署への証明用に提出を迫られることも――。

相続する遺産の全体額が大きくて相続税が生ずる場合には、亡くなった人の銀行預金口座の過去3年分の出入金の履歴をとって示せと税務署から要請されることがあります。

どうしてそうなるのかというと、死亡時からさかのぼって3年までの間に相続人に贈与された財産は、相続時点では当然ながら亡くなった人のもとに残っていませんが、税額の計算上は残っているものとみなされ（**みなし相続財産**）、その額を元にもどしたうえで相続税額の計算をしなければならないからです（贈与の時点で贈与税を払っていた場合には、その既払い額を相続税額から差し引きます）。相続が近そうだからといって「税額減らしのための財産移転などしていませんよ」と、亡くなった親の預金口座の過去3年分の動きを見せて、税務署に証明してやらなければならないのです。

そうすると、相続税を支払うほどの大きな相続では、どのみちこの「取引推移表」を過去3年分は取らなければならないということになります。口座の数が多ければ多いほど、手数料がかさんで、けっこうたいへんです。

取引推移表は、相続人どうしの間でも、親が亡くなる前後でその預金口座から怪しい出金がされていないということの証明に使われます。

親（口座名義人）の死亡を銀行が知ったとき口座は凍結されます。それ以後は相続人みんなで相続手続きをすませるまで誰もその口座のお金に手をつけられなくなりますが、口座凍結前に親のキャッシュカードなどを使える誰かが抜け駆けで勝手に預金を下ろして使っていないか……という疑念をこの取引推移表がぬぐってくれるというわけです。

預金口座の入出金の履歴というものは、亡くなった親の生活や経済活動についての情報の宝庫だということを覚えておきましょう。

43

親がネット銀行の口座をもっていたら

その預金をどうやって探し出して引き出せますか？

◉ネット銀行はまず
キャッシュカードやパンフを探し出しましょう。

ネット銀行では通帳というものは基本的に存在しませんが、**ＡＴＭから現金を引き出して使うためのキャッシュカードは発行しています。**これが見つかれば、利用していたネット銀行がつかめます。また取引開始時やその後折々にネット銀行から送られてきたパンフレットや説明書の類が家の中のどこかに置いてあるかもしれません。そういったものを見つけ出せれば、取引していたネット銀行がわかります。

キャッシュカードが見つからないときは、とりあえず親のパソコンやスマホを開いて、メールの履歴を調べてみましょう。銀行側から情報提供メールが送られてきているかもしれません。利用者（親）が自分の口座の状況を確認するために使用するためのアプリを見つけ出してもＯＫ。

パソコンの中のネット口座にはＩＤやパスワードを知っていなければ入っていけません。しかし、相続手続きをするのが目的なのですから、当面は取引のあるネット銀行がわかればいいのです。利用していたネット銀行の名前さえわかれば、あとはその銀行に連絡を入れて（電話でＯＫ）、店舗をもっているリアル銀行と同じように預金残高の確認や相続手続きをすることができます。パソコンを開いた時点で預金残高がいくらあるとか、どんな運用をしていたとか、細かいことを知る必要はありません。

◉預金の残高証明書は遺産分けの前提となるデータ。

そのようにして可能なかぎり親のしていた預金の額を洗い出し、そのすべてについて親の亡くなった日＝相続開始日時点の残高証明書をとっておけば、相続人が複数いて遺産分割をしなければならないとき、この残高証明書の数字が前提資料として大いに役立ちます。また、相続税の申告・納付をするときには、この残高証明書を添付して、税額計算にウソがないことを証明しなければなりません。こういう点も、リアル銀行とまったく変わるところはありません。

44 親が生前もっていた株や債券はどうやって探し出せばいいですか？

◉ **株や債券は家の中にないので取引先をまず確認します。**

かつて株や債券は、それを購入した証券会社や信託銀行にそのまま預けておくものでした。そして、株と一部の債券は、証券会社や信託銀行からさらに「**証券保管振替機構**」（通称「**ほふり**」）というところに預け替えられていました。個人投資家が買いこんだ株や債券というと、自宅の金庫の中にインクの香りも高く紙束が積んであるイメージがあるかもしれませんが、実際には自宅金庫内にどっさり……という状態が珍しかったのです（そういうのを好む人がわざわざ持ち帰っていただけです）。そして現在では、**株については上場企業の発行株式のすべてが電子化（ペーパーレス化）され、そもそも紙の株券というものがありません。債券についても国債など代表的なものからどんどん電子化されていき、やはり紙の形では存在していません。**

それらはすべて電子的な「情報」となって、「ほふり」のコンピュータの中に入っています。そういうわけですから、株や債券の売り買いは、証券会社や信託銀行に設けた取引口座間の振替えでおこない、代金を決済して、名義を移すだけです。いちいち現物を引き渡すようなことはしないのです。それでは、そんなことになっている株や債券を、親の家の捜索でいったいどのようにして見つけ出せばいいのでしょうか。

◉ 株式の探し方――。

株式投資をしていた親なら、証券会社からきた取引報告書などが家の中にあるはずです。探すべきは次のようなものです。

□・証券取引口座の開設案内書・約定書
□・株売買の取引報告書／取引残高報告書

これらを探すのは、亡くなった人が取り引きしていた証券会社をつきとめるためですから、何かひとつでも見つかればＯＫです。

その証券会社に問い合わせれば、所有している株と、開設している取引口座の中の残高がわかります。その手の資産は国債、社債のような債券もありますし、いろんな金融商品、投資ファンドへの預託金とかもあります。

なお、株を持っていれば株主ですから、その株の発行会社から事業報告書や株主総会の招集通知書などの書類がきているはずです。

□・発行会社から株主への事業報告書
□・発行会社の株主総会の招集通知書

これを見つければ、その会社の発行した株式を買っていたという事実はわかります。といっても、それだけではどうしようもありません。

株の名義を相続人に変更するには、上場会社では株を買った証券会社を通じて行うので、その証券会社をつきとめることが第一なのです。

一方、非上場会社の株は、その会社に連絡して、株主名簿の名前を、亡くなった人から相続人へ書き換えてもらうことになりますので、発行会社がわかることには大きな意味があります。

「株式の相続」では、上場会社の株は「購入した証券会社」で「相続人に名義変更」、非上場会社の株は「その株を発行した株式会社」で「名義変更」、と覚えておきましょう。

◉ 債券の探し方——。

債券（国債・公債や社債…電子化前のもの）も、亡くなった人の自宅に債券証書そのものがあることはまれで、それを購入した信託銀行などで保護預かりになっていることが多いでしょう。家の中で探す目当ては、次のようなものです。

□・債券の保護預かり通帳
□・債券の取引残高報告書・利払い報告書

◉ 投資信託などの金融商品の探し方——。

投資信託など、投資ファンドへの預託金、そのほかさまざまな金融商品を探すとき手がかりになる書類も、株に準じて考えればいいでしょう。名義変更についても同様です。探す目当てとしては、次のようなものがあります。

□・取引口座の開設案内書・約定書
□・金融商品の運用報告書
□・取引残高報告書

以上のようにして株や債券の存在をつきとめられれば、あとは親が取引をしていた証券会社（あるいは信託銀行）に連絡して、その担当窓口で相続人への名義変更手続きをします（証券会社は「ほふり」とネットで連携しています）。債券も、名義替えの手続きは株と同様です。

45 親の自宅で「タンス株」を見つけたときは？

◉もしも親の自宅で紙の株券をみつけたら、どうすればいいでしょうか
そういう家の中に置いてある株を「タンス株」と呼びます

株を発行している会社が上場企業（証券市場で株式の売り買いができる企業）であるかぎり、その株券は紙クズです。そもそも、それそのものには価値はないからです。ただし、非上場会社の株は違います。非上場会社が株券を発行することは電子化などということのなかった昔においても非常に稀ではありますが、存在している以上、紙の株券として立派に生きているので要注意です。

もちろん、株券が紙クズになったからといって、株主の権利まで消えてしまったわけではありません。株主としての名義（つまり株主としての権利）は、**処理を請け負っている信託銀行などの「特別口座」に自動的に移されて、管理されています。**配当を受け取る権利も、株を売る権利も、もとのままです。ただし「特別口座」に入ってしまった株を、その口座からじかに売却することはできません。売却するためには、その株式名義を、証券会社の口座へ振り替える必要があります（口座がなければ新規に開設します）。

◉信託銀行の「特別口座」にある株を相続

信託銀行の「特別口座」にある株を相続するには、その信託銀行に連絡を入れ、相続人であることの証明書類（戸籍謄本など）をもっていって、相続人の名義に変えてもらえばいいのです。

どこの銀行なのかは株の発行会社に聞くか、発行会社からきているはずの「特別口座開設のお知らせ」をみるとわかります。

困るのは、亡くなった親が「タンス株」の名義替えをしておらず、発行会社の株主名簿に前の持ち主の名前が載っているときです（転売目的の株売買ではよくあることです）。別人の名がそのまま「特別口座」の名義にもなりますから、その株を相続するには「権利の証明」に非常に手間どることになります。

◉ネット証券はパソコン内を探索します

ネットでの株取引きでは、取引報告や残高報告などはパソコンの中にデータとしてあり、紙の文書では残っていないことも多いでしょう。

パソコン内のメールやアプリを探って取引のあった証券会社をつきとめることができれば、亡くなった人がその証券会社にもっていた口座を、銀行と同様に「名寄せ」を頼むことにより、すべて洗い出すこともできます。

46 親がかけていた「生命保険の受取り」は どうすればいいですか？

◉ **保険金はどんな大金であったとしても請求しないともらえません。**

「先日亡くなった親が生命保険に入っているようなことを言っていた気がするんだけど、ちゃんと聞いていなくて、よくわからない」――そんなこともありがちです。

葬儀代くらいは保険金で間に合うようにしてやりたいとか、子のうちの1人に特別にお金を渡してやりたいとか、親の思いはいろいろです。相続人が生命保険金を受け取ったとき、**「みなし相続財産」**という扱いで、ほかの遺産とまとめて相続税を課されるのですが**500万円×法定相続人の数の分だけは「課税対象となる総額から控除」することができます。**

節税効果があるので、相続人が生命保険金のかたちで遺産を受け取れるよう、生前に手当てしておいてあげる人もいます。しかし、そんなせっかくの思いも、受け取る側が請求手続きをしなければ、まるで無駄になってしまいます。保険会社の方で気を利かして払ってくれるということは、絶対といっていいほどありません。

◉まずは「保険証書」を見つけ出すことです。

親の方で遺産一式リスト化したノートとか、まとめて証書類を整理した箱とか、あらかじめ用意して相続人に教えておいてくれると助かるのですが、なかなかそうもいかないのが実情です。そのようなものがなく、受け取る側ではよくわからない……となれば、銀行預金や証券投資などのお金と同じことで、生命保険についてもその存在を指し示すもの

――まずは「その保険の証書を見つけ出す」のが先決です。

保険証書を探し出せれば、保険会社も、保険契約の内容もわかります。支払われるべき金額や、受取人が誰かということが、その証書にぜんぶ書いてあります。

◉預金通帳の「振込履歴」をたどってみる。

「ありそうなところは探してみたけれどどこにもない」「もしかして思い違いかもしれない」……そんな感じになってきたときはあっさりとは諦めないでもう一押し探します。

これも「預金探し」や「証券類探し」と同じで、銀行預金の通帳が見つかっているのな

ら、**その「記帳記録」をみて、保険会社への掛け金払込み（口座振替の形式になっているはず）をしていないか確かめるのです。**

払込み先はカタカナで「〇〇セイメイホケン」などと記されているだけですが、それだけわかれば十分。その保険会社の電話番号を調べ、連絡して、受取人になっている人が保険金の支払手続きをすればいいのです。

証書が見つかっていなくてもだいじょうぶ。証書がないからといって、保険契約も、それまで払い続けた掛け金もなくなりはしません。多少は手続きに手間取るかもしれませんが、受取人の本人確認ができれば、保険金はちゃんとその人に支払われるはずです。

◉満期後の「返戻金」を捜し当てるには――。

生命保険については、近い時期の通帳には保険料の支払い履歴がなくても、保険料支払いが終わった満期後の返戻金《へんれいきん》を生命保険会社に預けて運用している場合があります。

証書類が見つからなくても、どうもやっぱり気になるというのなら、見つかった通帳の銀行へ行って、**預金口座の取引履歴（取引推移表）**を満期前の一定期間（たとえばまだ保険料を払い込んでいたと思しき60歳前の数か月分とか）について出してもらい、調べてみてもいいかもしれません。

そこで生命保険会社への掛け金払込み履歴が出てくれば、返戻金を受け取れる可能性がありますので、すぐにその保険会社に連絡して確認を。……ただ、普通預金口座の取引履歴の照会は、通常、さかのぼって10年までしか銀行が応じていません。それを越えた先まで出してもらうことは難しいので、承知しておきましょう。

◉ 保険金は指定された受取人だけのもの

なお、余談になるかもしれませんが、相続人が複数いるとき、よく湧いてくる疑問が、1人の相続人が受け取った生命保険金はその者だけのものなのか、それとも相続人で分けるのか、というものです。

一般的な生命保険では、保険契約者（保険をかけた人）が特定の誰かを保険金の受取人として指定して、自分が亡くなったらその人に保険金が支払われるようにしておきます。そういうタイプの保険では、**保険金は指定された受取人だけのものです。遺産の相続とは別扱い**ですから、相続人の間で分配する必要はありません。

ただ、あまりに保険金の額が大きくて、ほかの相続人の相続での受取り額と差がつきすぎるという場合には、やっぱり不公平の問題が生じてしまいます。理屈の上では、**相続に関して不公平が生ずることにはならない**のですが、感情論としては親からもらったお金に違いはないだろ、それなのにこんなに差がついて……ということになるのです。

そういうわけで、**あまりに生命保険金の額が大きいときは、保険金を受け取る者の相続分を減らして、いくらかでも公平をはかるべしとする裁判例があります**（**最高裁・平成16年10月29日判決**）。そういうことも参考にぜひ穏当な分配を心がけるようにしてください。

世の実例では、「**相続のあと口もきかなくなるきょうだい**」も少なくないらしく、とくに大きな額の生命保険を特定の1人だけが受け取るようなケースは危険なのです。

少しでも受取金を多く、と思うのも人情ですが、こだわりすぎて親族との関係を壊してしまっては、幸せな結果に行き着けないかもしれないことだけは、留意しておきましょう。

7章

親が亡くなったあとのお金の出入り後始末

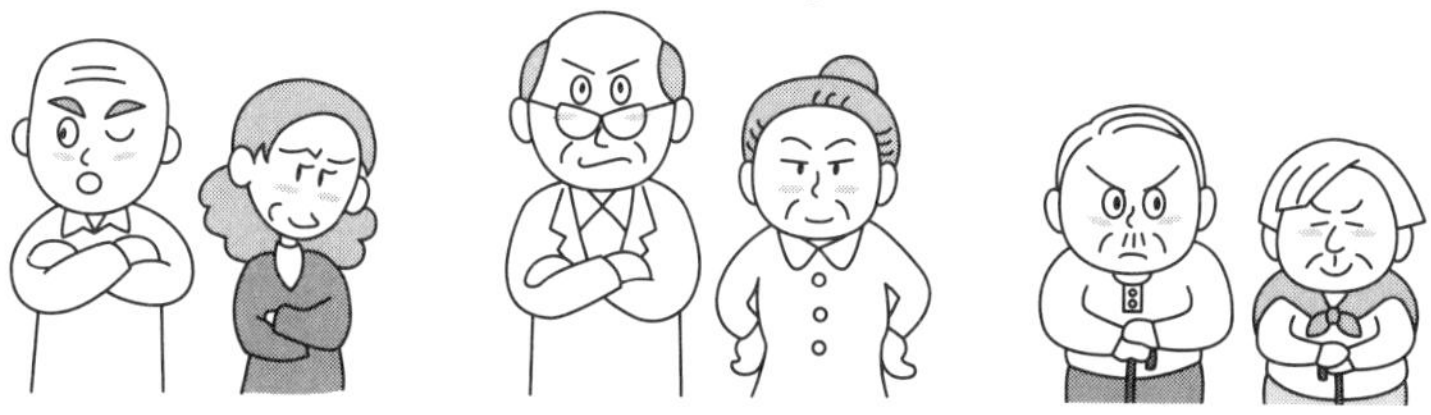

47 親が亡くなったあと「お金の出し入れ」はどうなりますか？

● **預金口座やクレジットカードの引き落とし、お金の受取り・支払いの自動設定をとにかく停止させましょう。**

親が亡くなり悲しみに沈んでいたと思ったら、なんやかやの事後の手続きに追われて一息ついたときはもう四十九日なんて話をする知り合いもいます。

葬儀というものは一大イベントであることは確かで、それを乗り切った経験のある人は「できることがあるのなら、早いうちにやっておくに限るよ」……そんな感じの先輩風を切る五、六十台のなんと多いことか。

ともあれ最初のアドバイスがあるとすれば、「死亡届を役所へ出す前にコピーを取っておくこと」です。これは保険金の請求や口座解約など、当人の死亡を証明する必要があるときに提出物として機能するからです。死亡届の写しをいちいち市役所へ行って請求発行してもらう手間が省けるからです。

では、「死亡届のコピー」のほかに「親が亡くなったあとの葬儀の関係、相続の関係以外の必要手続き」をざっくりまとめていうとどうなるか。それは生前の親が日常生活をおくるために定期で自動的に受け取ったり支払ったりしていたお金の動きをひとつひとつ終わらせていく作業。具体的には以下の並べるものがあります。

◉ **年金・有料会員契約・借家が重要チェックポイントです。**

- □ 年金や健康保険など社会保険の資格喪失手続き
- □ 電気・ガス・水道の公共料金セット
- □ 借家契約（つまり月々の賃料支払い）
- □ 各種の有料会員契約――クレジットカードやスマホの加入契約
- □ インターネットのプロバイダ契約
- □ ネット内のサービス・コンテンツ提供契約
- □ ケーブルテレビやWOWOWなど配信契約
- □ NHKの受信料振替えの停止
- □ リゾートやゴルフやスポーツクラブや習いごとなど会員契約

社会保険関係の資格喪失手続きは亡くなった親の住所地を管轄する役所ですませられます。年金の支給停止はおおかたその役所とは違った場所にある年金事務所（あるいは年金相談センター）の扱いです（日本年金機構のホームページで全国の管轄区域別所在地を地図付きで案内しています）。

◉年金の受取り停止は待ったなし。

社会保険関係など公的なものの手続き義務については、亡くなった人の死亡日から何日以内にせよという期限が切られていて、ものによっては正当な理由なく怠ると制裁金を課せられることにもなっています。

年金のように先方からお金が振り込まれてくるものは、停止手続きをしないままにお金を受け取り続けると詐欺罪となって警察に逮捕されるという事態にも至ります。

年金の支給停止についての締切りは、こんな日数、葬儀やらなんやらで数日間バタバタし、仕事があるのでその後のウィークデイはしばらく休めない事情があればすぐに過ぎてしまいます。

受給者（亡くなった親）の死亡から——
国民年金の場合＝14日以内
厚生年金の場合＝10日以内

◉年金停止の手続きをするには「年金受給権者死亡届」に必要事項を記入したうえで年金事務所等に提出します。

実家のあちらこちらを引っくり返しても**「親の年金手帳や年金証書が出てこない！」**し**たがって「基礎年金番号がわからない！」というのはよくあるケースです。**

年金停止の手続きをするには**「年金受給権者死亡届」**に必要事項を記入したうえで年金事務所等に提出し、そこに亡くなった親の年金証書もつけてやる建前になっているので、これが見つからないかぎり立ち往生……なのかといえば、実はそんなことはありません。

「年金受給権者死亡届」の用紙をよく見てみると（日本年金機構のホームページからダウンロードしプリントアウトして使えます）、年金証書を添付できない理由としてあらかじめ印刷してある「廃棄しました」あるいは「見つかりませんでした。今後見つけた場合は必ず廃棄します。」という文に○印をつければいいだけなのです。

◉受給権者の個人番号（マイナンバー）が日本年金機構に通知・収録されている場合には、この年金受給権者死亡届の提出そのものを省略できることになりました（令和元年7月1日より）

役所の方に出された死亡届とマイナンバーを通じて「死亡情報」はリンクします。これにより年金の支給も遺族からの停止手続きを待つまでもなく止められるからです（死亡届がちゃんと役所に出されればですが、「死亡届」が提出されないと火葬できませんから、これを怠る人はまずいません）。

ただ、遺族側としては、亡くなった親のマイナンバーが年金機構に通知されているとは限らないのですから、必ず管轄の年金事務所等に電話連絡を入れ、親の名前と亡くなった事実、生年月日、できれば（必ずしも必要ではない）基礎年金番号か年金証書番号、あるいは親のマイナンバーなどの情報も伝えて確認をとるようにしてください。

48 親が亡くなったあと「親のお金」を守るには 遺族が連絡して有料契約を終わらせます

◉ひとつずつ丁寧にやるしかありません……。

そもそもの話、遺族（相続人）の相続手続きで口座名義人の死亡が銀行に伝わるとその口座は凍結され、引落としや振替えもストップします。ということは、なにもわざわざ遺族が親の会員契約や借家契約を解約して回らなくても、会員費や家賃の引落し口座を相続人が把握していて、そこに相続手続きをかけるなら、親の死後も無駄な支払いが延々続くというロスは生じないことになります（同様に年金の振込口座では相続手続きで年金の振込みができなくなります）。

それなら、いちいち契約先に連絡をとって個別に解約していくより手間がかからなくていいじゃない……と思うかもしれませんが、そう簡単に割り切ってすむ話でもありません。

借家権＝家賃の支払債務は相続人に相続されます。ゴルフ会員権やリゾート会員権も、施設の利用債権ですから、通常は相続の対象になると考えられています。

ということは、銀行口座が凍結されて家賃や会費の支払いが止まったとしても、それはただ支払債務の不履行が続いているだけのこととなります。相続人は、相続放棄をしないかぎり、いずれはそのツケを払わなければならないのです。

ゴルフ会員権やリゾート会員権は会費を月々払うのではなく、年会費を年初に収める形式がほとんどです。額もよほど高級なクラブを除けば数万円程度のものですが、権利を相続するなら未払い分は負担しなければなりません。退会するにも返還される預託金と未払い会費とを相殺処理されるのが通例です。

◉ 預金口座の凍結で自動引落しも止まりますが……。

有料会員契約や借家契約はプライベートなものですから、「死後何日以内に解約」と期限を切られるものではありません。ただ、**遺族が連絡して契約を終わらせない限り、会員費や家賃を銀行の引落し・振替用の口座から支払い続けさせられる**だけです。

といっても、家賃の場合は大家さんの方にも部屋の後始末の都合があるので、ずっと遺族との連絡がないまま家賃だけ積み上がるなど考えにくいことではあります（縁が切れて離ればなれに暮らす親ならありうることですが……）。

◉契約上の「当事者の地位」も相続されます。

クレジットカードやスマホの入会契約、ネット上のサービス・コンテンツ提供契約なども、相続が生ずれば、親と相手先との契約関係がそのまま子（相続人）に引き継がれることになるのが法律上の建前です。親が亡くなったあとは、相続人である子が会費の支払い義務を継ぐことになります。ですから、銀行口座の凍結で会費の支払いが滞ったまま放置すれば、いずれ子が溜まった未払い会費の督促状を送りつけられてもしかたがありません。

ＮＨＫの受信料はちょっと変わっていて、特定の個人との契約というよりは、テレビがその家にあるかぎりその家に住む人との受信契約が成り立つという類のもの（放送法64条）。そうすると、親１人が亡くなっても同居人がいれば、受信料はその同居人が払わなければならないことになります。離れて暮らす子であれば関係のない話で、相続人だからといってＮＨＫから受信料支払の督促はきませんが、これは特殊な例。

実際には、相手方の対応として何回か会費の振込みが滞れば自動的に解約・サービス提供の停止となり、それでおしまいというやり方もあるでしょう。口座凍結で振込みが途絶えれば、おおかた会員が死亡したのだろうと予想はつくわけですが、いちいち相続人を突き止めて請求書を送る手間と費用はかけない対応をすることも多そうです。ただ、相続人側で契約を引き継いでサービス提供を受け続けた方がいい場合だってあるのですから、やれる限りは親の結んだ契約をどうするか、相手方に連絡を入れる努力はするべきです。

会員契約を解約（あるいは継続）するのにその運営会社に出向く必要はなくて、電話で解約の旨を伝えればすむことがほとんどですし、ネット系のサービスならそのサイト内で解約手続きができるようになっています。ただ、亡くなった親が肝心のその相手先の名、電話番号、サイト内で手続きするためのＩＤ・パスワードを整理して残しておいてくれないと、話はそう簡単には進まなくなります。そもそも、その手の有料会員契約を結んでいること自体、親の側のノート、せめてメモなりがなければ遺族にわからないでしょう。

ですから、ここはもうぜひ、**親が認知症などで判断力を失ってしまわないうちに、そのようなことがきちんと書いてある整理ノートをつくっておいてもらうよう頼む**ことにしましょう。手遅れになれば、クレジットカードの利用明細書を見つけ出して支払い先を調べたり（見つけ出せれば、たいていそこに載っているものですが）、果ては親の銀行預金口座の取引履歴を調べ上げたりしなければならない羽目にも陥ってしまいます。

49 親の「年金のもらい残し」があれば受け取れるというのは本当ですか？

◉ **年金は2か月分ためて翌月受け取るしくみ。**

親が亡くなれば、年金の受給権も当然のごとくなくなります。そして、国民年金は死亡から14日以内、厚生年金は10日以内に遺族が受給停止の手続きをしなければならないとされています。

ただ、極端な例として、ある月の14日が死亡日、次の年金受給日が翌日の15日だと、それを止めに手続きに行くなんて、葬式もあるのにとても無理、と思ってしまう人もいるのではないでしょうか。しかし、この疑問は年金の支給のしかたが少々変わっていることを知ればクリアされる勘違いです。**年金というものは偶数月（2月、4月、6月……）の15日に「その前の2か月間に権利が生じた分」を後払いするしくみなのです。**

ですから、たとえば8月14日に親が亡くなり、翌15日に年金が振り込まれるのだとして、

年金を受給していた人が亡くなると そのあとどうなるのか？

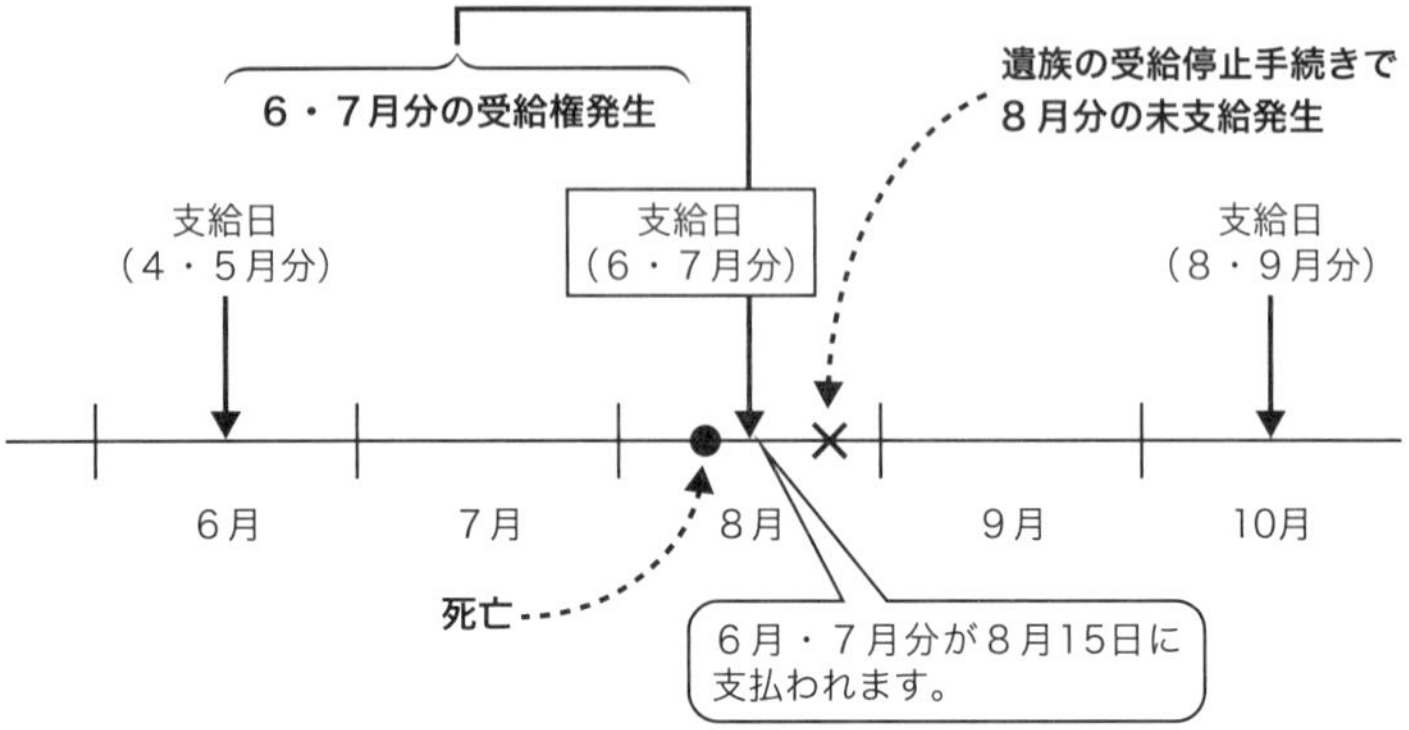

その年金は6月と7月にすでに受け取る権利が生じているものを振り込みます。だからその振込みを止める必要はありません。

そして、**年金の受給権は、月の途中で亡くなった場合でも、「その月の分」まで生じます。**そうすると親が14日に亡くなった8月は、すでにひと月分、年金の受給権が発生しているのです。ただ、遺族が定め通り死後10日ないし14日以内に受給停止の手続きをすれば、次の支給日（10月15日）に年金は支払われません。この「ひと月分」は本来、親が受け取る権利をもつのに受け取らないままになってしまっているものなので、**亡くなった人と生計を同じくしていた遺族が「未支給年金・保険給付請求書」を出せば、その遺族に支払う**ことにしてあるのです。

**亡くなった人の年金の未支給は
2か月分生ずることもある**

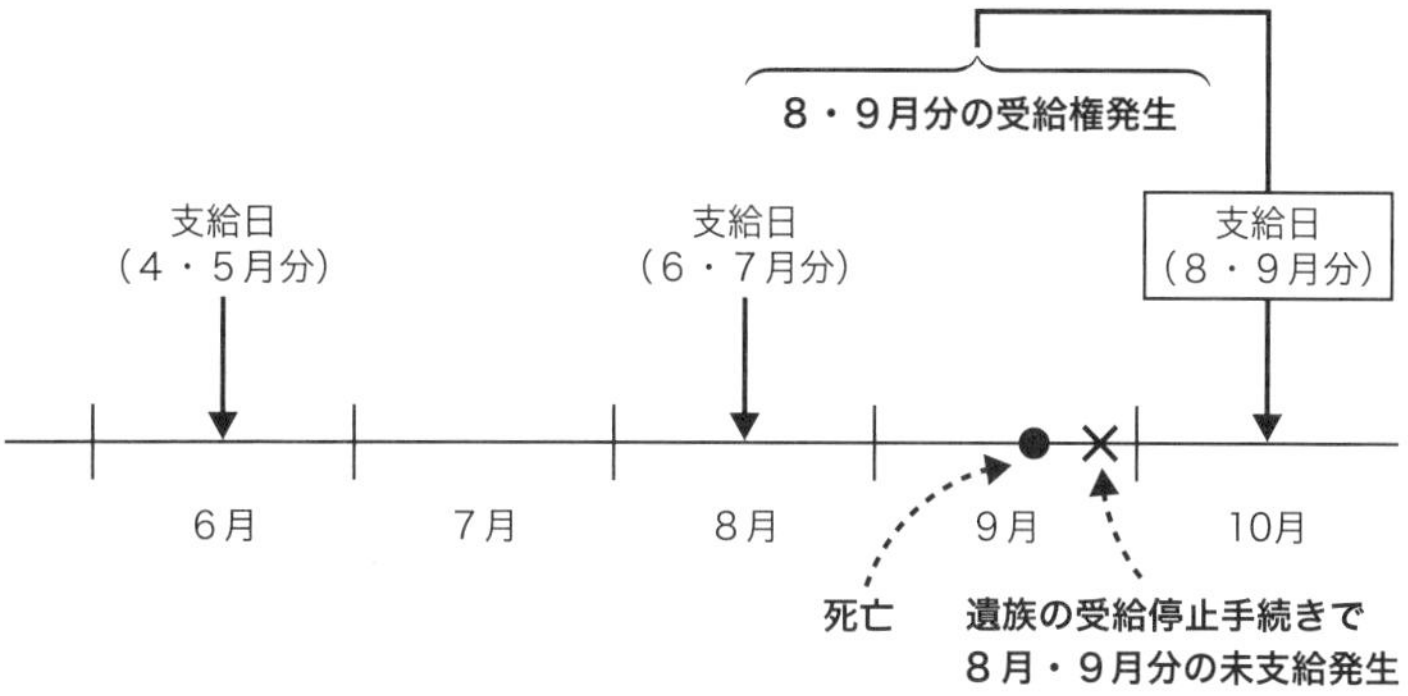

なお、死亡したのが8月でなく9月だとすると、次の支給月は10月で、8月・9月に権利の生じた分が10月15日に支払われるはずでした。しかし、遺族の受給停止手続きにより、2か月分がまるまる支払われないままになります。年金は2か月に1度・偶数月のまとめ払いなので、タイミングによってこういうことも起こります。

◎「生計を同じくしていた」ことが条件。

未支給年金の給付手続きのさいには、亡くなった人の年金証書、死亡診断書のコピーのほかに、亡くなった人と請求者の身分関係がわかる「戸籍謄本」、生計を同じくしていたことのわかる「住民票」（亡くなった親の除票と請求者の住民票など）をもっていってください。**「生計を同じくしていた」とは、要するに同居して一つ屋根の下に寝起きし、同じサイフから出して買ったご飯を食べていた、というような意味**です。別居していても、一方が他方を扶養している場合は含まれることがあります。

年金の未支給分があった場合は、同居人全員に配られるわけではなく、次の順に支払い先が決まります。

①配偶者→②子→③父母→④孫→⑤祖父母→⑥兄弟姉妹→⑦それ以外の三等親

この順番は決まっていて、先順位の人がいれば、順位の劣る人は受け取れません。個々の年金額には差があるとはいえ、2か月分ともなればそれなりの額になります。未支給分の請求ができるときは、ぜひ忘れずに行なうようにしてください。

50 老人ホームの入居金は親が入ってすぐ亡くなった場合戻ってきますか？

◉ **親本人・家族・子がどのタイプの施設を選ぶのか経済状況と介護や生活ケアの質とをすり合わせベターな選択をすることに尽きます。**

年老いて衰えた親の自宅介護が症状の悪化でいよいよ限界にくると、**介護付き有料老人ホーム**への入居を選ばざるを得なくなります。あるいは、まだまだ元気で症状が軽いうちから、バリアフリー設備がととのい生活支援サービスも受けられる賃貸家屋（**サービス付き高齢者向け住宅**――略して「**サ高住**」）に親自身の判断で移るということもあります（似た機能をもつものに**住宅型有料老人ホーム**があります）。

お金持ちの親であれば、高級な**シニア向け分譲マンション**を買って住むというチョイスもあるでしょう。

いつ移るか、どれにするかは、親の心身状態、本人の希望（判断力が失われていなければ）、経済力、家族の介護余力などに応じ、介護・医療の専門家のアドバイスも受けながら、それぞれがベターな選択をすればいいことで、その是非について一般論では語れません。

サービス付き高齢者向け住宅は心身の状態が悪化してきて常時のケアが必要になると、結局、介護サービスのさらに充実した介護つき老人ホームへの転居を余儀なくされることが多いとか、逆に、まだ自立して生活できるうちから介護つき老人ホームに入ることは少ない（特別養護老人ホームは原則的に65歳以上で要介護3以上でないと入れない）とかいうセオリーめいたことがあるだけです。

◉ お金をどう使うかは本人の希望が優先されますが、家族や子の立場からも高齢の親が身を寄せる施設の内容をか決めるべきです。

ここでは、「お金」という切り口だけに限り、子として知っておいた方がいいポイントをみていくことにしましょう。

右に挙げたような長期居住型の高齢者向け施設のなかで、**かかる費用の最も安いのが特別養護老人ホーム**（「**特養**」）です。広い意味では介護付き有料老人ホームなのですが、公的な存在であって税金も投入されているので入居費用が安く、**民間運営の介護つき有料老人ホームではたいてい求められる高額の入居一時金も必要ありません。**

逆に高いのはどれかというとマンションの所有権を購入するシニア向け分譲マンション

です。それもレストランや浴場やプールなどのサービス施設を併設している高級物件が多いので、数千万円からモノによっては数億円レベルまでのお金が初期費用だけでかかります（加えてランニングコストとして固定資産税、サービス施設が充実しているぶん高額な管理費も必要です）。

親にそんな大金を使われたら「もらえる財産がなにもなくなってしまう……」と一瞬、子の顔が青くなりそうですが、それは早とちりというものです。マンションの所有権を買って持つのですから、**所有者である親が亡くなれば相続人が物件をまるごと受け取れる**ことは一般のマンションとなにも変わりません。転売すれば、多少目減りはするにせよ、親が投下したお金の多くを子（相続人）は回収することができるでしょう。

ただ、シニア向け分譲マンションは入居条件が60歳以上であるとか身元引受人が必要とかいった条件のつくことが多く、一般のマンションより買い手が限定されて売りにくい、ということは含んでおく必要があります。それゆえあわてて売らなくても、**貸して自分が賃料をとるという選択肢もある**ことを考えに入れておきましょう。

◉ 高齢者が「施設で受けられるサービス」の違いは実際はその「費用を払えるかどうか」による面があります

これに対して「サービス付き高齢者賃貸住宅」（サ高住）は、その名のとおり賃貸物件です。**「高齢者住まい法」**（**高齢者の居住の安定確保に関する法律**）にもとづいて国が補助金を出して基準に沿った建物を増やそうとしてきたものですが、シニア向け分譲マンションに比べればかかるお金は少ないということが通常はいえるでしょう。

そのかわり、親が所有するわけではないので、所有権を相続することはできないのです。相続できるとすれば借家権のはずですが、「サ高住」は、入居者が亡くなるまでという期間限定の**「終身建物賃貸借契約」**にしてあります（高齢者住まい法52条……ただし夫婦で同居していた場合は、契約者の死後も残された連合いが希望すれば続けて住める）。子は借家権を相続できないかわり、銀行の賃料引落し用口座凍結による不払い発生の心配をする必要もありません。

◉「サ高住」の一般型と介護型のサービスの違い。

ところで「サ高住」にも2タイプあって、1つは受けられるサービスが安否確認や生活支援（食事の配達や室内清掃レベルの家事代行）にとどまり、介護を要する場合は外部業者を利用する**一般型**。

もう1つは介護スタッフが施設に常駐し、外部業者に頼らなくても直接サービスを受けられる**介護型**。後者の場合、入居にあたり一時金として数十万円から数百万円を払い込むことになるのが普通のことで、高級施設では数千万円にのぼる例もあります。

一般型の「サ高住」でも賃貸借の敷金として数十万円程度のお金は預けますが、それは普通の賃貸住宅と同じく退去するとき原則的に返還されます（つまり、親が亡くなった場合には子＝相続人が相続できます）。

これに対して介護型の「サ高住」は、数年分の施設利用料＋介護料の前払い（の一部）という考え方で、月々の支払いにあてられてどんどん減っていく（償却される）のです。そういう方式なので、賃貸借契約ではなく、施設の**利用権設定契約**ととらえられています。

当初納めた一時金の取崩しだけでは足りず、別途、居住費（＝家賃・管理費・光熱費）を払わなければなりません。食費も加わります。結局、月々のランニング経費は目安として20万円〜40万円程度にはなってしまいます（一般型なら介護がないぶん10万円〜25万円程度）。もちろん**サービス料の支払いには介護保険が使えて、利用者は基本1割の負担で済む**前提で、実際の支払いがこの金額となるわけです。

そうするともう、このあとに出てくる介護つき有料老人ホームとどこが違うのか——よくわからなくなってきます。

◉ **介護付き老人ホームとサ高住の一番の違いは外出の自由が入居者にみとめられるかどうかです。**

介護付き有料老人ホームは入居者の安全確保のため自由な外出が原則的にできません。一般形の「サ高住」の居住者は賃貸物件に住む借家人なのですから、誰に断るまでもなく出入り自由です。しかし「サ高住」でも介護型で重度の要介護者を受け入れている場合もあって、それなら「外出もどうぞお好きに」というわけにはいかないはずですが、実際には外出自由をうたってそれを売りにしている施設はたくさんあります。なお、有料老人ホームにしても「常設の介護サービスがない型」の**住宅型有料老人ホーム**というものがあって、いよいよ「サ高住」との区別がつきにくい状況になっています。

結局、当初は自前の重度要介護者受入れ態勢のあるなしでタイプ別に分かれていたものが、どんどん利用者側のニーズに沿ったかたち——動けるうちの外出の自由やプライバシーは確保しつつ、いざとなったら要介護5レベルまでしっかり介護サービスも受けられ、「退去の不安なし」というオールマイティーな施設に収まってきているようなのです。

◉ **高齢者の施設入居では償却しきれなかった前払い金は返還されます。**

高齢者向け居住施設のなかで、もっとも介護サービスの充実に力点を置き、要介護度の高い人を迎え入れているのが介護付き有料老人ホームです。

その多くは民間の施設ですが、一定の基準を満たし、都道府県知事から**介護保険制度における「特定施設入居者介護」**を行なうものとして指定を受けています。そして、介護スタッフが24時間常駐して入居者のサービスにあたります。

この施設は、先にみた介護型「サ高住」と同様、入居に際して一時金（**前払金**）をとることが一般的です（とらないところもありますが、そのぶん月々の費用が割高となり、とる場合の金額は下は数十万円から上は数千万円までで、施設の高級度に応じて格差があります）。それゆえに問題になるのが、入居してまもなく入居者が亡くなってしまったとき、いったいその一時金はどうなるのかということです。これについては法令に定めがあります。

◉ 高齢者施設入居の前払い金と債務保証――取り決め事項。

前払金は、入居後に月々、居住費にあてられて少なくなっていくのですが、入居者が亡くなって契約が終了するまでのその償却分（つまり、生きていて施設を利用した期間に相当する額）を前払金の額から引いた残りを返却しなければならないとされています（老人福祉法29条8項、同法施行規則21条）。

そして、経営状態が悪くて、そのお金が返せないということがないよう、あらかじめ銀行の債務保証をとりつけるなどの保全措置を講じなければならないことも決められています（老人福祉法29条7項、同法施行規則20条の10）。

◉解約・退去するなら賃料分などを除き全額返還。

入居と同時に前払金の20〜30％も償却する施設がありますが（初期償却）、入居者が90日以内に解約・退去するなら賃料分などを除き全額返還を受けられます。

親を亡くした悲しみは悲しみとして、場合によっては何百万、何千万円にもなるであろうこのお金を子として放っておくわけにはいきません。必ず取り戻しましょう！

「泣く泣くも良い方をとる形見分け」——という古川柳があるそうです。人間の欲深さを笑うばかりではなく、親を失っても先々生きていかなければならない子としては、そのくらいの心根のたくましさをもっていなくてどうする、という励ましの意味も込められているように思うのですが、どうでしょうか。

付録

財産管理委任契約・任意後見契約書
［サンプル］は
ヨコ書きで６ページつづきます。
書式サンプルのはじまりは、p287です。
文中のゴシック文字に注目して下さい。
ポイント解説となっています。

親と子で任意の契約をむすぶようなとき、
こうした取り交わしの必要が出てくることがあります。

親子と言えども「契約とは、こういうものかあ～」
という気持ちで、ざっとみておいてください。

第３条（後見事務の範囲）

甲は、乙に対し、別紙「代理権目録（任意後見契約）」記載の後見事務（以下「本件後見事務」という）を委任し、その事務処理のための代理権を与える。**（＊…任意後見契約でも、受任者乙の代理権限は、後ろに目録としてまとめて置かれています。）**

第４条（身上配慮の責務）

乙は、本件後見事務を処理するにあたっては、甲の意思を尊重し、かつ甲の身上に配慮するものとし、その事務処理を適正に行なうために適宜甲と面接し、ヘルパーなどの日常生活援助者、主治医などの医療関係者から甲の状態についてよく説明を受けるなどして、甲の生活状況及び健康状態の把握に努めるものとする。

（＊…任意後見に移った段階では、親の心身の状態が委任契約によって事務処理をしていたときより悪化していますので、特にこのような配慮義務の規定が置かれています。）

〔以下略〕

＊…任意後見によって行なわれる後見事務の内容は、財産管理委任契約の場合とさほど変わるところはありません（親の養護ホームへの入所費用などを捻出するため、任意後見監督人の同意を得た上で不動産の売却など重要な財産の処分ができる旨を定めておくような例があります。委任契約の段階では、そこまで受任者に任せることは少ないでしょう）。なお、委任契約は双方がいつでも解除できましたが、任意後見契約の場合、任意後見監督人が選任されたあとでは解除するのに正当な理由が必要で、しかも家庭裁判所の許可も得なければなりません。

代、公共料金支払いなど定期的な支出を要する費用の支払に関する事項
5　甲の生活に必要な送金、物品の購入その他の取引に関する事項
6　医療契約、入院契約、介護契約その他の福祉サービス利用契約、養介護施設への入・退所など甲の身上監護に関する手続き的事項
7　要介護認定の申請及び認定に関する承認又は審査請求に関する事項
8　税務申告、各種証明書の請求に関する事項

〔第2〕任意後見契約

（＊…ここからが任意後見契約の部分です。）

第1条（契約の趣旨）

甲は、乙に対し、甲が精神上の疾患等により事理を弁識する能力の不十分な状況となった場合における甲の生活、療養看護及び財産の管理に関する事務（以下、「後見事務」という）を委任し、乙は、これを受任する。

第2条（契約の発効）

1　前条の任意後見契約は、任意後見監督人が選任されたときからその効力を生ずる。

2　本任意後見契約の締結後、甲が精神上の疾患等により事理を弁識する能力の不十分な状況になり、乙が本任意後見契約による後見事務を行うことを相当と認めたときは、乙は、家庭裁判所に対し任意後見監督人の選任を請求するものとする。

（＊…任意後見契約は家庭裁判所が任意後見監督人を選任してくれたときから効力をもつので、受任者乙はいよいよその時期がきたと感じたら家裁に請求をするべきことが定められています。上にある〔第1〕委任契約の第2条とリンクしあう規定です。）

除の通告を甲または乙の署名・押印につき公証人の認証を受けた書面によってしなければならない。

（＊…解除は双方からいつでもできるのですが、財産管理委任契約を解除するのなら任意後見契約も同時に解除しなければならず、そちらだけ残しておくようなことはできません。解除するからには信頼関係にヒビが入っているわけで、それならすべてすっきり契約を解消するのが筋だからです。また、解除の通告を本当に当人が自分の意思でしているのかを確認するために、公証人がその解除書面をチェックすることにしてあります。）

第10条（契約の終了）

本委任契約は、第２条第２項に定める場合のほか、次の場合に終了する。

⑴　甲又は乙が死亡し又は破産手続開始決定を受けたとき

⑵　乙が後見開始の審判を受けたとき

（＊いずれかが亡くなったときは当然として、（１）の破産は甲の側にもうひとに任せて守ってもらう財産がない、あるいは乙の側にひとの財産を守れるような資格がないということで契約の終了事由とされています。（２）は受任者の乙の方も精神疾患などで判断能力を失った場合です。）

◎［別紙］代理権目録（委任契約）

（＊…受任者乙が甲＝親に代わってできることが列挙されています。）

1　不動産、動産等、甲の所有する財産の保存及び管理に関する事項

2　銀行等の金融機関、郵便局、証券会社との取引に関する事項

3　保険契約の締結、解約、保険料の支払い、保険金や返戻金の受取りに関する事項

4　家賃、地代、年金その他の定期的な収入の受領、または家賃、地

第5条（費用の負担）
　乙が本件委任事務を処理するために必要となる費用は甲が負担するものとし、乙は、その管理する甲の財産からこれを支出することができる。　**（＊…必要経費は親のお金で支払うということの確認です。）**
第6条（報酬）
　乙による本件委任事務処理は、無報酬とする。
（＊…こちらは必要経費ではなく、受任者がその働きの対価として受けることのできる報酬についてです。ここでは無報酬としてありますが、報酬を定めるのなら、「乙は、本件委任事務処理に対する報酬として毎月末日限り金○○円を、その管理する甲の財産からの支出によって受け取ることができる。」のように記します。）
第7条（報告）
　1　乙は、甲に対し、○か月に1度、本件委任事務処理の状況に関する報告書を提出して報告する。
（＊…双方の信頼関係によりますが、このように厳しくせずとも、「本件委任事務処理の状況につき、乙は甲に適宜、適当な方法で報告する」くらいの緩さでいい場合もあります。）
　2　甲は、乙に対し、いつでも本件委任事務処理状況につき報告を求めることができる。
第8条（契約の変更）
　本委任契約に定める代理権の範囲を変更する契約は、公正証書によってするものとする。
（＊…変更は適当に書き換えてすますわけにいかず、変更部分も公正証書にきちんと反映させなければなりません）
第9条（契約の解除）
　甲及び乙は、いつでも本委任契約を解除することができる。ただし、その解除は任意後見契約の解除とともにしなければならず、また、解家庭裁判所に対し、任意後見監督人の選任の請求をするものとする。

2　本委任契約は、任意後見契約につき任意後見監督人が選任され、同契約が効力を生じた時に終了する。

（*…ここの〔第1〕にある条項は、まだ親の判断力がしっかりしている時期に適用される財産管理委任契約について定めた部分です。委任者甲（親）の判断力が失われたあとは、後記の〔第2〕で定める任意後見契約に移行するということを、この第2条ではっきりさせています。）

第3条（委任事務の範囲）

甲は、乙に対し、別紙「代理権目録（委任契約）」記載の委任事務（以下「本件委任事務」という）を委任し、その事務処理のための代理権を与える。

（*受任者（乙）が甲に代わってできることの範囲を、別紙にまとめて後ろに掲げてあります。）

第4条（証書等の引渡し等）

1　甲は、乙に対し、本件委任事務を処理するために必要と認める範囲で、適当な時期に、次の証書等を引き渡す。

①所有不動産に関する登記済権利証（または登記識別情報通知書）、②実印・銀行印、③印鑑登録カード・マイナンバーカード、④預貯金通帳、⑤各種キャッシュカード、⑥有価証券・その預り証、⑦年金関係書類、⑧土地・建物賃貸借契約等の重要な契約書類、⑨健康保険証・介護保険証、⑩その他、本件委任事務を行なうために必要な証書等一切

2　乙は、前項の証書等の引渡しを受けたときは、甲に対し預り証を交付してこれらを大切に保管し、この証書等を本件委任事務処理のために使用することができる。

付録・1

〔財産管理委任契約・任意後見契約書〕

サンプル

◎簡略化してあります。こんな感じのものです。
参考例として眺めてみてください。

令和○年　第○○○号

作成日　令和○年○月○日

委任契約及び任意後見契約公正証書

本公証人は、委任者○○○○（以下「甲」という）、受任者△△△△（以下「乙」という）の嘱託により、以下の契約に関する陳述の趣旨を録取し、この証書を作成する。**（＊…この部分は公証人が冒頭に書く決まり文句です。）**

〔第１〕委任契約

第１条（契約の趣旨）

甲は、乙に対し、令和○年○月○日、甲の生活、療養看護及び財産の管理に関する事務（以下「委任事務」という）を委任し、乙は、これを受任する。

第２条（任意後見契約との関係）

1　この委任契約を締結後、甲が精神上の疾患等により事理を弁識する能力が不十分な状況となり、乙において後記〔第２〕以下の任意後見契約による後見事務を行うべきと認めるときは、乙は、

■ 著者プロフィール ■

小早川浩［こばやかわ・ひろし］

広島県出身。東京都中央区明石町在住。出版社勤務を経て、現在、シナリオライター、文筆家、編集者として活動する。早稲田大学政治経済学部卒。

親のお金 守ります［おやのおかね　まもります］

初版　第一刷　2019年10月4日

著者　小早川浩

発行人　伊藤　滋

発行所　株式会社自由国民社

東京都豊島区高田3－10－11　〒171－0033

URL　http://www.jiyu.co.jp/

電話［営業部］03－6233－0781

［編集部］03－6233－0789

印刷所　横山印刷株式会社

製本所　新風製本株式会社

組　版　有限会社中央制作社

丸山邦朋［本文・図版デザイン］

設楽政男［イラスト］

関口隆史・沼生妥則［制作進行］